生まれてよかった！

●子どもにいのちの大切さを伝える楽しい性教育の進め方●

旭川医科大学産婦人科学教室教授
千石一雄 監修
青木智恵子 著

黎明書房

❶講座導入のパペット人形の様子（p.23）

❷パペット人形（p.23）

❸紙しばい1（p.27）

❹ホワイトボードシアター1（p.28）

❺紙しばい2（p.32）

❻紙しばい3（p.33）

❼紙しばい4（p.35）

❽紙しばい4のしかけ（p.35）

❾ 紙しばい4 のしかけ （p.35）

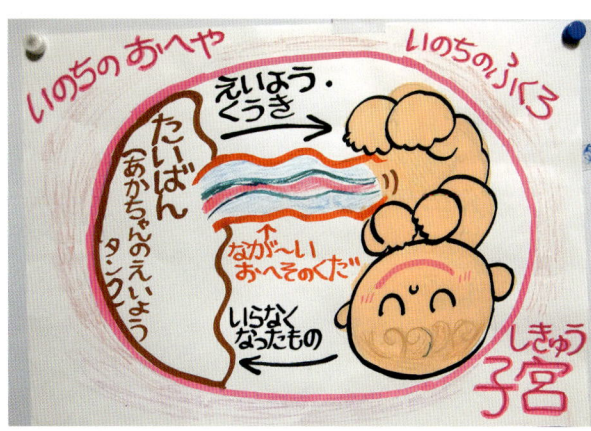
❿ 紙しばい5 （p.38）

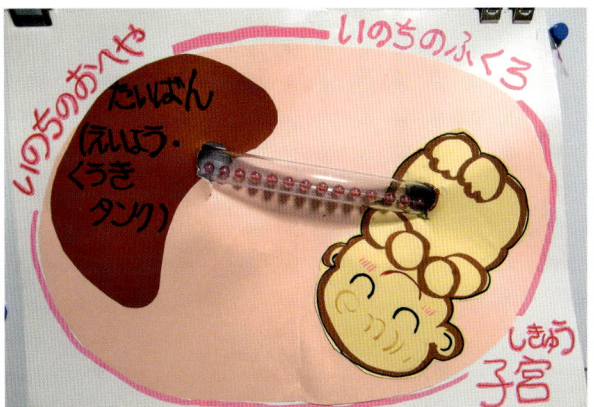
⓫ 紙しばい6 －へその緒の中を栄養が通る様子 （p.40）

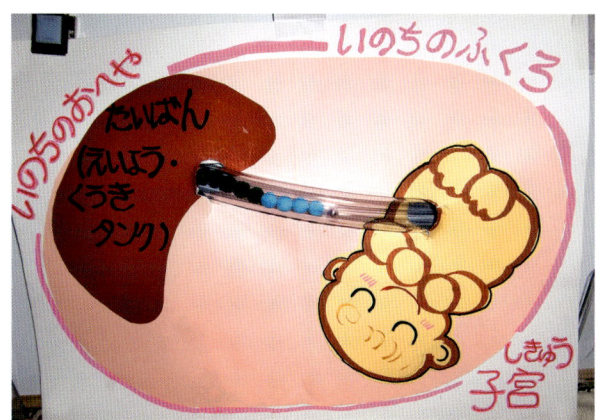
⓬ 紙しばい6 －いらないものを胎盤に返す様子 （p.40）

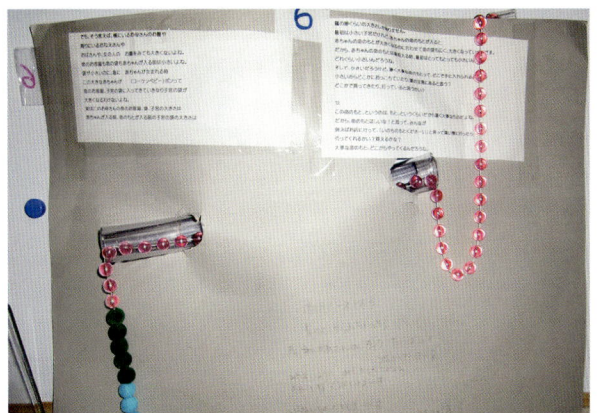
⓭ 紙しばい6 の裏側 （p.41）

⓮ 紙しばい7 （p.48）

⓯ ホワイトボードシアター2 （p.50）

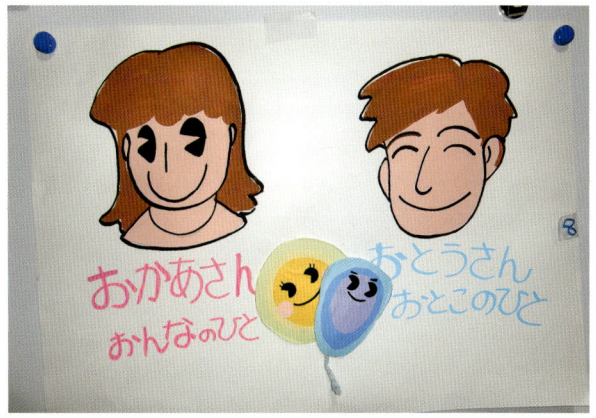
⓰ ホワイトボードシアター2 の展開 （p.50）

⓱ホワイトボードシアター２の展開（p.50）

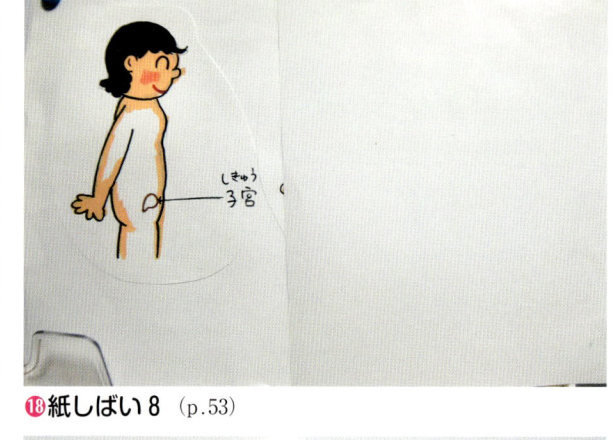
⓲紙しばい８（p.53）

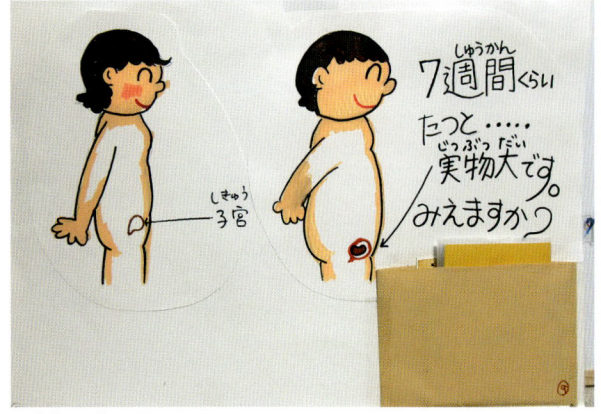
⓳紙しばい９（p.55）

⓴母子健康手帳（p.55）

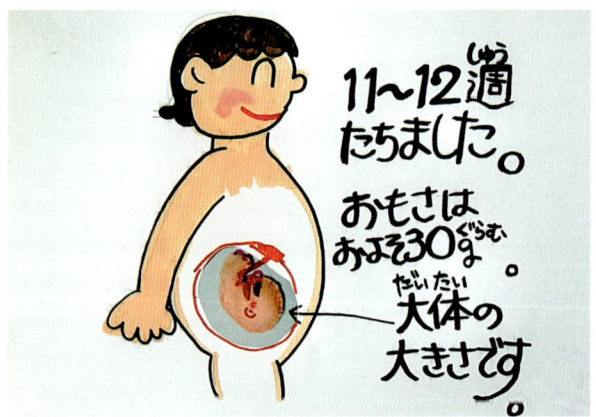
㉑紙しばい10－胎児マスコット登場（p.57）

㉒紙しばい11（p.59）

㉓紙しばい12（p.59）

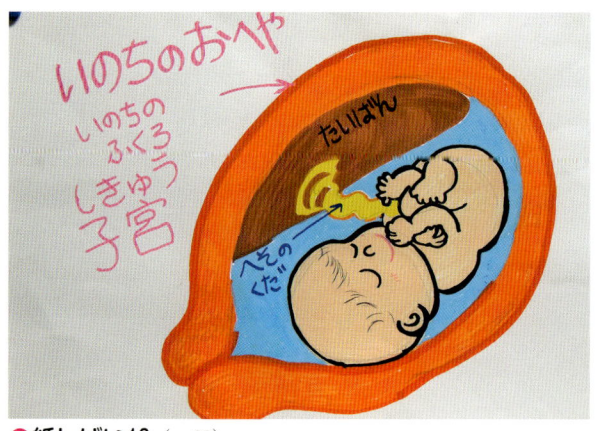
㉔紙しばい13（p.62）

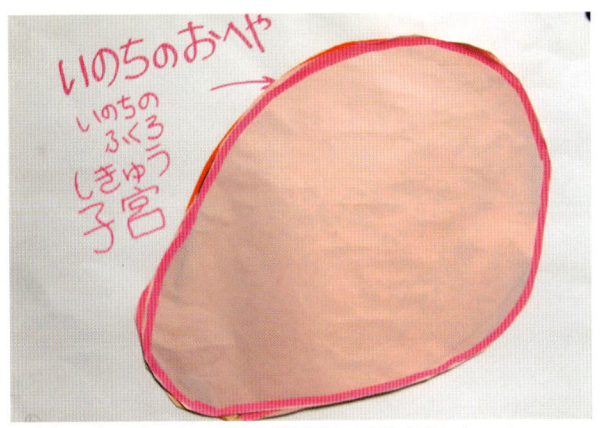
㉕紙しばい13のしかけ－2枚重ねでおおう（p.62）

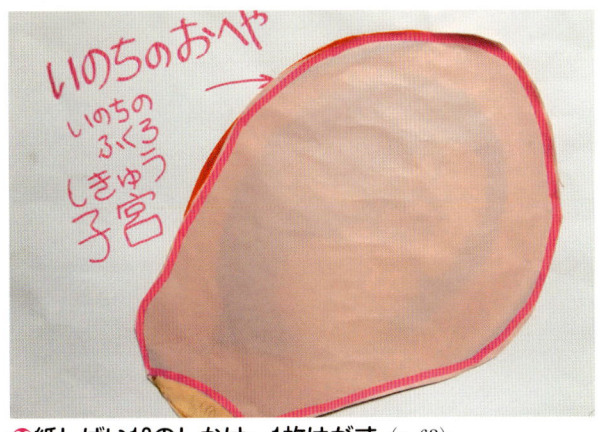
㉖紙しばい13のしかけ－1枚はがす（p.63）

㉗紙しばい14（p.63）

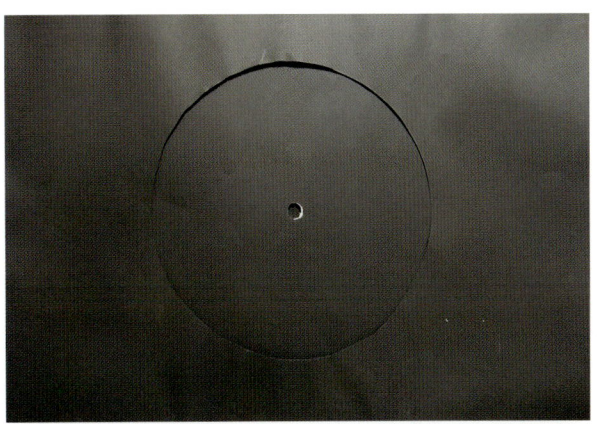
㉘紙しばい15－産道のイメージ（p.66）

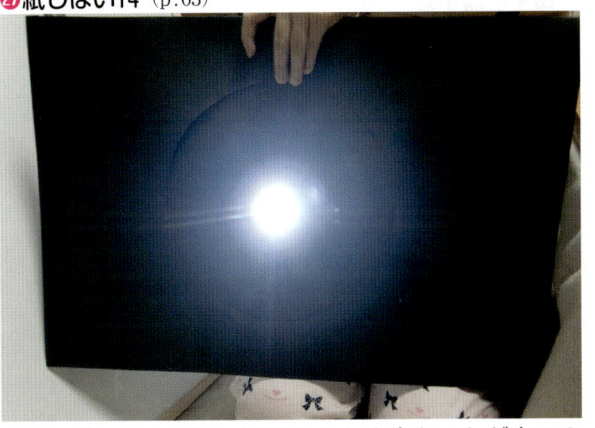
㉙紙しばい15の展開－産まれるとき赤ちゃんが出口の光が見えたイメージ（p.67）

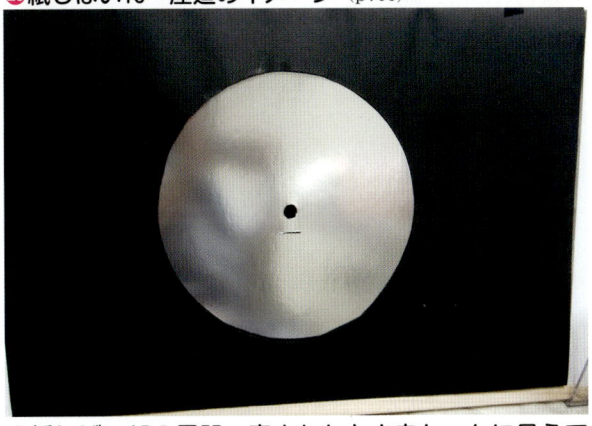
㉚紙しばい15の展開－産まれたとき赤ちゃんに見えていた視界のイメージ（p.67）

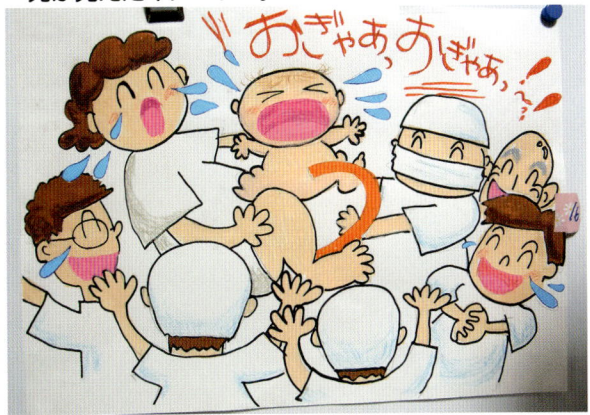
㉛紙しばい16（p.73）

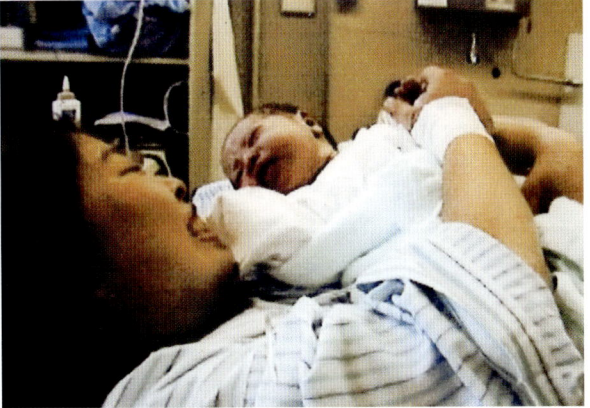
㉜実際の写真で迫力を伝える（p.75）

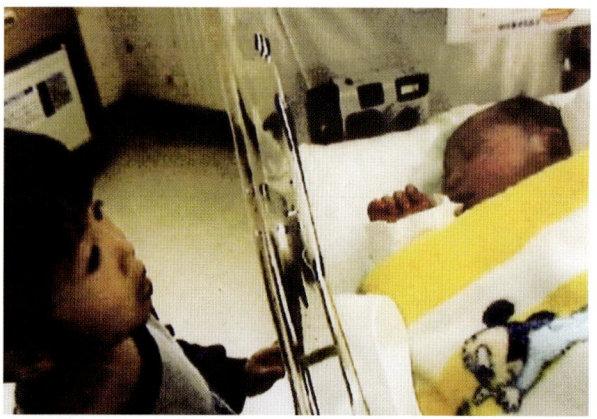
㉝お兄ちゃんも喜んでいた （p.75）

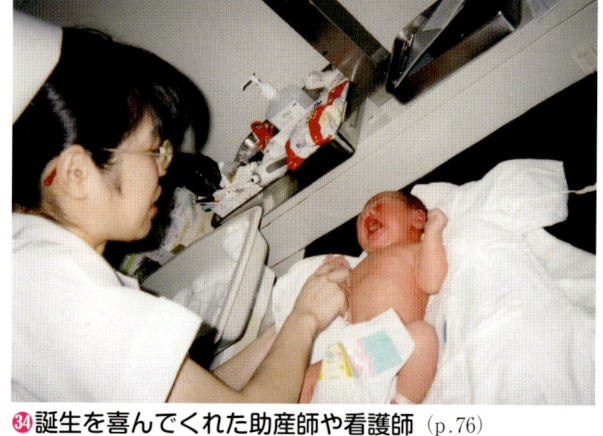
㉞誕生を喜んでくれた助産師や看護師 （p.76）

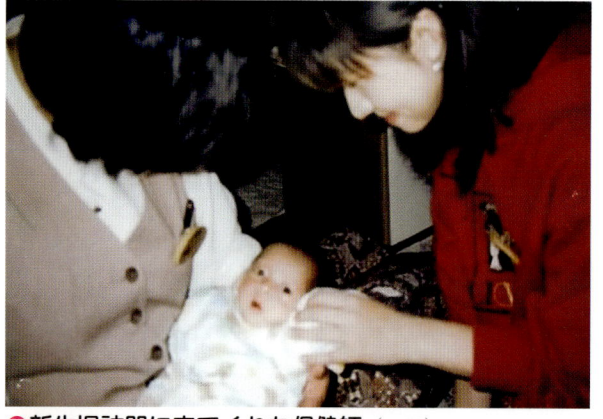
㉟新生児訪問に来てくれた保健師 （p.76）

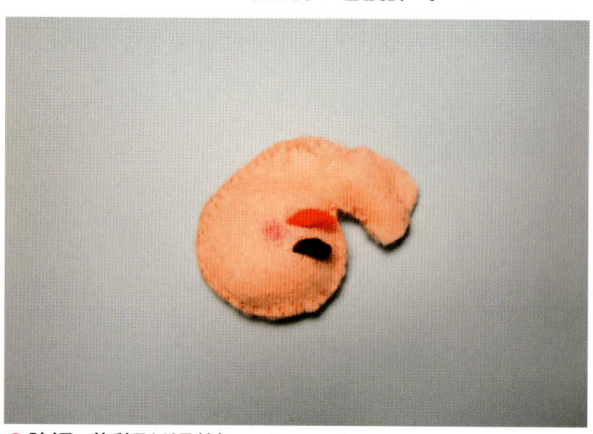
㊱胎児（妊娠11週位）マスコット （p.82）

㊲マスコットづくりの様子 （p.82）

㊳掲示物－生まれたての赤ちゃん （p.93）

㊴掲示物－いのちの音を聞いてみよう （p.94）

㊵掲示物－いのちの音を聞いてみよう （参考）

監修のことば

　青木智恵子（本名・鈴木智恵子）著の『生まれてよかった！―子どもにいのちの大切さを伝える楽しい性教育の進め方―』は命の大切さを「生まれてくれてありがとう」という観点から伝える書である。

　大人や子どもたちに，いかにすればこのメッセージが届くかを詳細に，具体的にわかりやすく解説した書として一級品であり，今後，幼稚園年長児や小学校低学年の子どもたち，また，その親たちに「生まれる喜び」「命の尊さ」を伝える活動にたずさわる人にとっては，極めて上級な入門書となりうるであろう。

　多くの方々がこの書に触れ，この活動が広がれば，ともすれば見失いがちな我々にとって大変貴重なものが再認識される。この書には，その可能性を感じさせるものが秘められている。

　医学的観点からも正しい内容であり，幼稚園年長児から小学校低学年を対象としても十分理解できるものである。

　人間や個人の存在，尊厳に関わる根源的テーマを取り上げ，平易な言葉でメッセージを伝えることは容易なことではないが，この書はそれを実現するものであり，著者の情熱，慧眼には敬服するばかりである。

　この書の監修にたずさわることができたことに，一産婦人科医としても感謝申し上げる。

　　　　　　　　　　　　　　　　　　　　　　　　監修者　千石一雄

はじめに

　ある時，産科病棟に勤める助産師の友人が泣いて話してくれました。
　「中学生の女の子が来たの。実のお兄ちゃんと関係して，妊娠してしまったと。親が留守中のできごとで，理由は寂しかったから……だって。自然分娩で産み，赤ちゃんは里子に出されることになった」と言うのです。私も涙が出てしまいました。助産師の友人は「もっと小さい頃から，いのちや赤ちゃんのことを知る性教育がなければいけない」と言います。
　一方，ある学校の先生は「自殺は，教員がいくら気をつけていても，完全に防げない。低学年もしくは入学前から，いのちの大事さを感じる教育が必要」と言っています。
　2年前には，私の知人が自らいのちを断ってしまいました。衝撃でした。
　そのようなできごとを背景に，私は小さい子どもたちや親御さん自身が「生まれてよかった」と感じられるような講座を開こうと思い立ちました。最初は失敗。当初の参加者の方々には申し訳ない気持ちでいっぱいです。自分の修行不足を痛感，反省，後悔。参加者の方々からの事後感想アンケート等を活かし，試行錯誤して，やっと今に至りました。
　本書をたたき台にして，多くの人に自分なりの講座を展開していただきたいと願います。
　子どもたちが目の前に30人いれば30通りの生まれかた・家族のかたちがあります。十人十色です。離別・死別・別居という家族のかたちもあるでしょう。しかし，どのようなかたちであれ，筆者が子どもたちに伝えたいことは「**あなたたちが生まれたとき，あなたの誕生をどれだけの大人たちが喜んだことでしょう。特にお母さんはすっごくがんばったんだからね！**」という事実です。そしてもちろん「**あなたたち自身もがんばって生まれてきたんだからね！**」という事実です。
　大きくなった今現在，あなたたちを毎日一生懸命育ててくれているおうちの人（お母さん・お父さん・祖父母・他の方など）は，あなたたちが生まれてくれて本当によかった，そう思っている──ということも伝えたいです。
　また，母親自身が「生まれてよかった」と感じられることが，「子どもを産んでよかった，育ててよかった」──につながればよいと筆者は願います。
　最後に，筆者に「生まれてよかった」という喜びを与えてくださっている多くの方々，ご監修を引き受けてくださった千石一雄先生，講座を手伝ってくれるみなさんに感謝申し上げます。ありがとうございました。

　　　　　　　　　　　　　　　　　　　　　　　著者　青木智恵子
　　　　　　　　　　　　　　　　　　　　　　　　　（本名・鈴木智恵子）

もくじ

カラー口絵　i

監修のことば　1
はじめに　2

筆者が「生まれてよかった♡講座」を行う際のよくある流れ　6
「生まれてよかった♡講座」をしてみよう
　－授業に使えるバリエーション－　8
筆者より　12

① 「生まれてよかった♡講座」の会場設定　14
② 「生まれてよかった♡講座記念カード」を
　全員に配る　15
③ 「生まれてよかった♡講座記念カード」の作り方　16
④ 記念カード内に貼るお手紙文例　18
⑤ 表紙に貼る写真について　20
⑥ 作業を早々に終わらせた親子への配慮　21
⑦ 講座スタッフ自己紹介　22
⑧ パペット（指）人形劇で導入　23
⑨ 絶対成功!?　パペット人形劇の台本とらの巻!!
　－チーターとかぼちゃ人形の場合－　24
⑩ 紙しばい1　－みんなには　おへそが　ありますか－　27

⑪ **ホワイトボードシアター1**
　－おへそのあるもの，ないもの－　28

⑫ **紙しばい2**　－人間以外にもおへそがある－　32

⑬ **紙しばい3**
　－お母さんのお腹の中でのおへそのつながりを想像してみよう－　33

⑭ **紙しばい4**
　－赤ちゃんがいるお母さんのお腹の中を見てみよう！－　35

⑮ **紙しばい5**　－いのちのお部屋，いのちの袋，子宮の中で
　　　　　　　　赤ちゃんはどうしているの？－　38

⑯ **紙しばい6**
　－いのちのパイプ，へその緒を透視メガネで見てみよう！－　40

⑰ **へその緒！　いのちのパイプの長さ**　44

⑱ **紙しばい7**　－妊娠前の子宮の大きさ－　48

⑲ **ホワイトボードシアター2**
　－いのちのもとができるには，女の人と男の人の協力が必要－　50

⑳ **紙しばい8**　－いのちのもとがやどってからの経過－　53

㉑ **紙しばい9**　－母子手帳をもらいにいく頃の胎児－　55

㉒ **紙しばい10**　－11～12週頃の胎児紹介－　57

㉓ **紙しばい11，12**　－産まれる直前の赤ちゃん－　59

㉔ **紙しばい13，14**　－産まれる直前，陣痛発来－　62

㉕ **紙しばい15**
　－産まれるとき，そのとき見えていたもの，聞こえていた音－　66

㉖ **紙しばい16**　－多くの大人が喜んだ－　73

㉗ **実際の証拠写真**　75

㉘ **最後にもう一度いのちの大事さを伝えたい**　79

㉙ **11～12週の胎児マスコットづくり**　82

●世界にたったひとつ自分だけの胎児ちゃんマスコットを作ろう　85

㉚　「生まれてよかった♡講座」アンケート紹介　88

㉛　アンケートや参加募集の際の注意　91

㉜　後日，参加者に写真とともに同封する文書　92

㉝　掲示物　－生まれたての赤ちゃん－　93

㉞　掲示物　－いのちの音を聞いてみよう－　94

さいごに　「生まれてよかった♡講座」の準備作業風景　95

　　　　　「生まれてよかった♡講座」風景　96

　　　　　「生まれてよかった♡講座」をされる皆さんへ　97

〔付録〕①　透かしハートの折り方　99

　　　　②　かんたんピンクハートの折り方　100

〔講座会場に置く絵本の例〕　101

参考文献　102

―☆楽楽カンタン術コーナー☆―――――――――――――
コピ・チョキ・ペッ！　でラクしちゃおう　34
紙しばいづくりのコツ　58
ラクチン打ち合わせ資料　90

筆者が「生まれてよかった♡講座」を行う際のよくある流れ

「生まれてよかった♡講座」の具体的な中身をご紹介する前に，この講座を行う際の基本的な流れを紹介します。これによって全体像をまずつかんでください。（詳しくは，p.14以降を参照）

そして，これを参考にして講座の時間，場所，参加者の構成などを考慮し，臨機応変に組み替えてあなたの講座を行ってください。

◎**「生まれてよかった♡講座記念カード」を全員に配る**

＊参加者全員にネームをつけてもらいます。（タックシールやガムテープを利用してもよい）

A 主催者からの挨拶（主催，開催の企画動機など）

B 進行役（本書では筆者）や助産師さん，手伝いスタッフなど，メンバーの簡単な自己紹介（ここで，保健師，助産師，医療職の紹介をすることもある。「保健師さんとは，○○をする人」「助産師さんとは，○○をする人」など）

C 講座をするに至ったきっかけの説明（参加者に保護者（ママたち）がいた場合は説明したほうがよい）

D パペット人形劇で導入（幼児〜小学校低学年児をひきつける）

E 紙しばい，ホワイトボードシアターに入る［20〜30分］（参加してくれる子どもに合わせ内容は変える）

F　助産師による講話

みんなで，胎児の重さの体験などをします。

みんなで，気持ちを共有し合ったり，共感し合ったりするよう，進行役は，ときにはファシリテーターの役（まとめ役・橋渡し役）になることもあります。

子どもだけの参加型（授業としてやったり，教室で特別にやったり，など）の場合は，子どもたちに発問をうながしたり，感想を聞く時間を持ってもよいでしょう。

G　参加者個人個人が，子宮の中にいる疑似体験，布の産道トンネルをくぐるなどの疑似体験をし，産まれたときの自分（子ども自身），産んだときの自分（親自身）を振り返ってもらう時間（講座風景は，p.96, 97参照）

＊Gは説明にかなりのページ数を必要としますし，教室ではやりづらいので，この本では，Gを省きA・B・C・D・E・Hを中心に説明します。

H　胎児マスコットづくり（個々人）

小さな体なのに，予想外に重いという実感を持ってもらいます。

FやGで，大勢の中では，はずかしくて手を挙げられない子，話せない子，体験できなかった子どもも，Hではもくもくと作業に入ることができます。

Hをプログラムに入れることにより，プログラムの中でなにか1つは参加できた，自分のものを作ったという満足感を持つことができます。また，持ち帰ったものをおうちで振り返る媒体として活用できます。

I　主催者からの終わりの挨拶（短く，簡潔明瞭に。感謝の言葉忘れずに）

> **ヒント**　上記の「筆者が講座を行う際のよくある流れ」は，2時間，親子10組くらい（きょうだいをつれてくる方もいるので，実際は，親・子合わせると20〜30人になる）の場合の一例です。

「生まれてよかった♡講座」をしてみよう
―授業に使えるバリエーション―

〈授業に使えるバリエーション1〉

小学校1～2年のひとクラスや幼稚園・保育園の年長組で行う場合は，講義型で，保護者なしという場合があります。

○組み合わせ例としては，

B　進行役（筆者）や助産師さん，手伝いスタッフなど，メンバーの簡単な自己紹介

D　パペット人形劇で導入

E　紙しばい，ホワイトボードシアターに入る［20～30分］

F　助産師による講話

H　胎児マスコットづくり（個々人）

としてもよい。

○時間によっては，

B　進行役（筆者）や助産師さん，手伝いスタッフなど，メンバーの簡単な自己紹介

D　パペット人形劇で導入

E　紙しばい，ホワイトボードシアターに入る［20～30分］

だけということもあります。

○また〈授業に使えるバリエーション1〉で，講師のパートナーに助産師がいる場合は，
　　B→D→E→F
ということもあります。

○〈授業に使えるバリエーション1〉で，主催する依頼者側のスタッフの人手（幼稚園，保育園の先生や，学校の先生など）が借りられるなら，
　　B→D→E→H
とマスコットづくりを入れることも可能です。

〈授業に使えるバリエーション2〉

講座という形ではなく，45分程度の授業や保育時間の中で，教諭などが行う場合には，**テーマをしぼって，組み合わせて行う**とよいでしょう。

その場合，その学校での1～6年を通した全体の性教育の流れをふまえて，年齢に合わせて行ってください。

学校によって，第2次性徴の授業や，いのちや自分自身の大切さの授業の仕方，内容，時期も各々ちがうので，その授業の導入として行うのなら，内容，時期もふまえて，授業を進めていく必要があります。

例）「おへそのひみつ」にしぼる。

○組み合わせの例

　B

　D　・パペット人形劇で導入。

・クラスのみんなに問いかけ，話し合う。
　例）人形劇で使った人形（パペット）が，クラスのみんなに，
　　イ）「ぼくはチーターなんだけど，ぼくには，おへそがついていると思う？」
　　ロ）「お母さんには，ついていると思う？」
　　ハ）「おじいちゃんには，ついていると思う？」
　　ニ）「男の子には，ついていると思う？」
　　と，へそのある・なしを聞いてみて「あると思うお友達は手をあげてみてくれる？」というように，問いかけてみる，などです。

↓

E　・ホワイトボードシアターで，へそがある・ないで動物を分けてみたり，
　・紙しばいで，へそに関係するものをピックアップしたりして，授業をし，終了とする。（口絵写真❹❺❻❿⓫⓬参照）
などです。

〈授業に使えるバリエーション３〉（〈授業に使えるバリエーション２〉の具体例です）

> 〈テーマ〉　　　　**おへそってなんだろう？**
> **おへそは，赤ちゃんとお母さんをつなぐいのちのパイプでした。**

○このテーマにそって何回かに分け，シリーズにして授業でふれていくことも可能です。

○この場合，総合や道徳，特別活動，保健，理科，国語など，関連する教

10

科を全て連動させて行うとより効果的です。

○組み合わせとしては，
　　D　・パペット人形劇で導入。
　↓
　　E　・ホワイトボードシアター，紙しばいの一部を上演する中で，みんなで自由に考えたりなどする。
　　　※活用できる場面：⑨ ⑩ ⑪ ⑫（←本書の該当項目）

■おうちの人に聞いてみよう。
　授業後（もしくは，授業前でも可），次の課題（プリント）を，子どもに持たせます。
　①　おへそって何だと思うか，聞いてみよう。
　または，
　②　お母さんのお腹の中で赤ちゃんのおへそは，どうやってつながっていたと思うか，聞いてみよう。

■おうちの人に聞いたこと，話し合ってみたことを後日発表し合う。
　例）・親に上記の課題①②について，コメントを書いてきてもらう。
　　　・字が書ける子は，自分で書いてきてもらう。
　　　・作文がにがてなら，想像図などを書いてきてもらってもよい。

○ここまでを第一段階とすれば，第2回目の授業の中で，
　　E　・紙しばいのおへその役割以降の部分を活用し，第1回の授業を深めることが可能です。
　　　※活用できる場面：⑬ ⑭ ⑮ ⑯（←本書の該当項目）

・・・・・・・・・・・・・・・・・・・・・・・・・・・・ **筆者より** ・・・・・・・・・・・・・・・・・・・・・・・・・・・・

○本書『生まれてよかった！』は，使う方が所属する園または学校で行われる教育の長いスタンスの中で，使える部分やヒントがあれば，

　　・使う方の「**立場**」

　　・使う時の「**実施時間**」

　　・**参加する人，人数，年齢，場所**

を考慮し，本書の使える部分を自由に取り出して組み合わせ，活用してください。

○紙しばいは，一連の流れの中で使うのも重要ですが，さわったり，めくったりできる掲示物としても利用できます。

○「生まれてよかった♡講座」に使うアイテムの中には，保健室の前に掲示できるものもあります。

○「いのちの音を聞いてみよう」という掲示をし，そこに筒（ラップの芯など）を置いておくと，筒をむねにあてっこして，おたがいの心臓の音を聞くこともできます。

○できそうなことは，
　やってみましょう！

では！
「生まれてよかった♡講座」の
進め方と留意点を
具体的に，細かく説明します。

本書を参考にして自分なりの「生まれてよかった！」を
子どもたちに伝えてあげてくださいね！

① 「生まれてよかった♡講座」の会場設定

筆者が講座を出前して行うときには，次のことに配慮しています。

○和室が望ましい。
○参加する子どものきょうだいは，年長以上が望ましい。
○参加する子どものきょうだいで，小さい子がいる場合は，託児スタッフを確保することが望ましい。
○会場に赤ちゃん用アロマ・ポットで，赤ちゃんがリラックスできるようにアロマを焚いておく。(筆者は赤ちゃんや大人の心が安らぐアロマオイルを通販などで購入し，使用している)
○CD等，BGMでオルゴールのやすらぐ曲を流しておく。

アロマ・ポット

○先にきているママ，パパ，保護者，子どもとの雑談の中で，講座に活かせるものをこころにとめておく。(例：誕生日や名前の由来。出産時や子育ての苦労話など)
○将来なりたい職業として，助産師さん，看護師さんなどという子がいる場合は，こころにとめておく。
○講師が見える場所にネームを（親も）つけてもらうことが重要である。きょうだいやスタッフもつける。
○開催時期により，望ましい対象年齢が変わることがある。
　例えば「年長」といっても4〜5月開催だと，年中さんに近いので講座の内容や使う言葉など，進行に配慮がいる。
　一方，3月頃だと年長さんでも，小学校1年に近いという具合である。

② 「生まれてよかった♡講座 記念カード」を全員に配る

① カードには，おうちに帰ってから，よく読んでほしいという手紙やしかけを入れておきます。
② ハートの折り紙（透かしハートやかんたんピンクハート；p.99〜100参照）を入れると効果的です。
③ よゆうがあれば，あずきを一粒ボンドでとめておくとよいでしょう。

〈①について〉

　手紙の文例は筆者（講師）のお伝えしたい内容の一例なので，そのまま使用するのではなく，「生まれてよかった♡講座」を実施するそれぞれの方々の思いを文章に盛り込んだほうが，子どもや保護者に講師の気持ちが伝わるのではないかと思います。

〈②について〉

　ハートには，針の先でチョンと点をつけておきます。

　講座の中で，いのちのもとの最初の大きさ（受精卵の大きさ）がすごく小さかったという話が出たとき，どのくらい小さかったかは，みんなに「カードの中のハートの折り紙にヒントがあるよ！」とうながします。
（p.53⑳参照）

〈③について〉

　7〜8週の胎児の大きさが，だいたいあずきの大きさなので，紙しばいと関連してカードの中のあずきを見てもらうことができます。

③「生まれてよかった♡講座記念カード」の作り方

A4，2つ折り

講座名（p.15写真参照。場合によっては「いのちは大事記念カード」などでもよい。講座や授業のタイトルに合わせればよい）

例）「おへそのひみつをかんがえたよ記念カード」
　　「たんじょうのひみつ記念カード」
　　「うんでくれてありがとう記念カード」など。

講座中の写真を撮る場合は，後でこの部分に貼ったり，また，子どもからママへ，親から子どもへなどの「ひとこと　てがみ」を貼ってもよい。

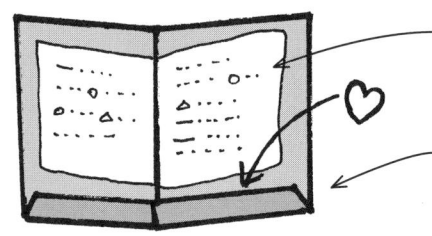

開くと講師からのお手紙が貼ってある。

下側を，内側に折ると，ハートの折り紙を挿入できる。

拡大　⇓

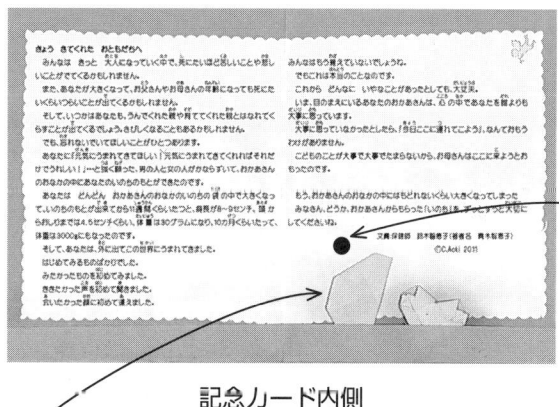

記念カード内側

手紙の文面は，講座の内容，授業の内容に関連しているものにする。（p.19参照）

あずき一粒（ひとつぶ）を接着剤で貼り，「これは7～8週くらいの胎児の大きさです」と，説明を加えておいてもよい。

ピンクのハートの折り紙をしのばせておくとよい。

ハートの折り紙を用意する時間がなければ，直接カードのどこかにチョンと（針やピンの先で）点をつけておくだけでもよい。

準備・導入

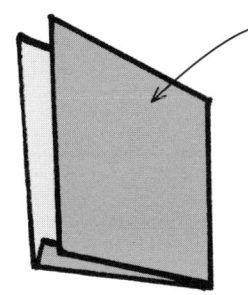
裏表紙

ここには，親から子へのメッセージ
子から親へのメッセージ
低年齢であれば，親の顔
など自由に書いてもらってもよい。

　年長の子どもなどを対象とした講座で，親も参加しているときは，親子製作にすることもできるので，シールや色鉛筆，型抜きなど，材料をおいておきます。

　そして，自分たち用にアレンジしながら製作する中で，親子で生まれたときの様子を話し合う時間をもってもらう，という工夫ができます。

・・

　講座を行う場合，マスコットづくりの作業を早々に終わらせ，時間を持て余す親子もでてきます。

　そのため，作業を早々に終わらせた親子が手もちぶさたにならないように配付された記念カードを飾る材料などを用意しておくなど，プラスアルファのものを用意しておくとよいでしょう。→⑥ (p.21) へ

・・

④ 記念カード内に貼るお手紙文例

　ポイントは，①講師がこれから行う講話内容にからんだキーワードを登場させること，②講師の「想い」が入っていることです。

　ここでの注意としては，文責は明記しておくことです。

　これは，万が一，文書内容について問い合わせがあった場合，依頼者側（主催者側）ではなく，講師が質問にお答えするという意味を含めています。また，地域で講座を開催する場合は「申し込み→参加決定」という流れなので，半ば強制参加の授業やＰＴＡ行事と同じではないということです。

　つまり，「この子を連れてこよう，そして何かを感じたい」という何らかの想いを持った親が自分の意志で参加申し込みをすることになります。

　会場にきた母親が，産みの親とはちがっており，育ての親だったとしても（子どもを連れて再婚される方もいるので），「この講座会場に来て，横にいる，今目の前にいるあなたのママは，今一番あなたのことを大事に思っている」ということを強調して講座を進めていくように配慮しています。手紙の中にもこのことは特に触れました。

☆次ページは，実際の手紙の文例です。

・これを115%に拡大コピーして，p.16の写真にあるように，フチを装飾用のハサミで切り，A4の台紙に貼るとちょうどよくなります。台紙の下部を折るので，その部分を加味して手紙は台紙の下部までこないように配置して貼ります。

　（こういう細かな配慮がいるので，依頼者側にカードづくりをたのむときは，細かく打ち合わせをしましょう。）

・文例は，引用文献を明示すればそのまま使用してかまいませんが，講師の講座主催目的や内容，趣旨を反映するものなので，可能な限り，講師及び主催者が文章を考えて作成することが望ましいです。

きょう きてくれた おともだちへ

みんなは、きっと、大人になっていく中で、死にたいほど苦しいことや悲しいことが出てくるかもしれません。

また、あなたが大きくなって、お父さんやお母さんの年齢になっても死にたいくらいつらいことが出てくるかもしれません。

そして、いつかはあなたも、うんでくれた親や育ててくれた親とはなれてくらすことが出てくるでしょう。さびしくなることもあるかもしれません。

でも、忘れないでいてほしいことがひとつあります。

あなたに「元気にうまれてきてほしい！ 元気にうまれてきてくれればそれだけでうれしい！」……と強く願った、男の人と女の人がかならずいて、お母さんのおなかの中にあなたのいのちのもとができたのです。

あなたは、どんどん、お母さんのおなかのいのちの袋の中で大きくなって、いのちのもとと、頭からおしりまでは4.5センチくらい、身長が8～9センチ、頭からおしりまでは11週間くらいたったころ、身長が8～9センチ、体重は30グラムにもなったのです。

10ヵ月くらいたって、外にでてこの世界にうまれてきました。

そして、あなたは、体重は3000グラムになっていました。

初めてみるものばかりでした。
みたかったものを初めてみてみました。
ききたかった声を初めてきえきました。
会いたかった顔に初めて会えました。

みんなはもう覚えていないでしょうね。
でもこれは本当のことなのです。

これから、どんなにいやなことがあったとしても、大丈夫。
いま、目のまえにいるあなたのお母さんは、心の中であなたを誰よりも大事に思っています。

大事に思っていなかったとしたら、「今日ここに連れてこよう」なんて思うわけがありません。

こどものことが大事で大事でたまらないから、お母さんはここに来ようと思ったのです。

もう、お母さんのおなかの中にはもどれないくらい大きくなってしまったみなさん、どうか、お母さんからもらった「いのち」を、ずっとずっと大切にしてくださいね。

文責：保健師 鈴木智恵子 (筆名 青木智恵子)
©C.Aoki 2011

※拡大 (115%) コピーして切って使えます。

⑤ 表紙に貼る写真について

写真撮影は，撮影されるのを好まない方もいます。
むりじいはせず，意味があることを説明します。
ただの記念写真ではありません。
<u>学校行事のアルバム用スナップにすることが目的ではありません。</u>

参加者自身が持参したマイカメラで撮影し合うと，講座の内容に集中できないので，スタッフが撮影することが望ましいです。

そして，スタッフが撮影したものを後日，本人にお送りすることにより，
その写真を，今だけでなく，
自宅で，
そして，将来，
数年後，
子どもが大きくなったとき，
語り合うきっかけとしてほしいのです。（p.92㉜参照）

参加した子どもが思春期になり，親に反抗したり，親をうとむときが必ずきます。そして，大人になってからも死にたくなる程つらくなることがでてくるでしょう。

そんなとき，自分が小さいときに親がこんな講座につれてきてくれたんだ，と思えるように，そして，親もその写真を見て，いつかしみじみとなにかしら振り返ることができるように，という意図があります。

準　備・導　入

 作業を早々に終わらせた親子への配慮

○会場にアンケート，鉛筆を用意します。（アンケート例；p.88㉚参照）

○「生まれてよかった♡講座記念カード」を装飾する材料や，作業できるスペースを用意しておきます。

実際は，カード（p.16③参照）の裏表紙に貼れるような大きさで

きょうおもったこと	わたしからママへ	わたしのだいすきな ひとのかお	きょうかんじたこと
ⅰ	ⅱ	ⅲ	ⅳ

という小さな紙，色鉛筆，折り紙，ギザッコⅡ（長谷川刃物），鉛筆，消しゴム，スティックのり，

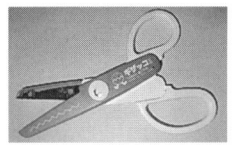

ギザッコⅡ→

←クラフトパンチ（カール事務器；型を抜くペーパークラフトの道具）
※100円ショップで購入できる類似品もあります。

などをたくさん置いておきます。積極的でなかった子などでも，ちょっと変わった製作道具があると，黙々と取り組む子がいます。このように，参加してくれたお子さんが少しでも来てよかったと思えるように工夫しています。わが子が今いち乗り気でないと感じている親も，ⅰ〜ⅳを自分の子が描いてくれると，やはり来てよかったと思ってくれます。

○いのちの大事さなどに関する絵本コーナー（大人向けも子ども向けも）を設定します。（→著者がよく用意しておく本については，p.101「講座会場に置く絵本の例」参照）

⑦ 講座スタッフ自己紹介

○保健師とは　○看護師とは　○助産師とは
という形で自分の立場を話します。

> **ポイント**
> ○対象年齢に応じて話します。
> ○将来，その職業につきたい子がいると分かっていれば，少し詳しく話してもかまいませんが，ただし講座の導入では職種紹介がメインではないので時間オーバーに注意します。将来の夢を持っている子に対しては，全体の講義が終わったころに，個人的に声をかけてあげたらよいかと思います。

コツ　筆者は保健師なので，自分の職業を子どもたちに簡単に説明することなりますが，「保健師」の説明はむずかしいです。そこで，「看護師さん」（子どもたちが分かりやすいように「看護婦さん」と表現することもあります）の紹介から入るとスムーズです。

例

・看護師さんは，病気やけがをしている人が元気になれるようにお世話をしたり，働く仕事です。お熱をはかったり，注射をしてくれることもあるね。具合が悪くなって病院に行ったらとっても頼りがいがあって，安心できたり，かっこいい！　と思ったことないかな？

・保健師さんは，看護師の資格（分かりやすく「免許証」と話すこともあります）がないとなれません。保健師さんは病気のこともたくさん勉強しておいて「みんな」や「かぞく」や「すんでいるまち」が病気にならないように考えて，働く仕事です。また，病院から退院した人たちの相談にものります。子どもや赤ちゃんが健康にくらせるように応援もします。

・助産師さんも看護師の資格（免許証）がないとなれません。助産師さんは「赤ちゃん」「いのち」が元気で健康に生まれるようにがんばる仕事です。

⑧ パペット(指)人形劇で導入

練習，ちょっとがんばろう！

> **ポイント1**
> ⇒紙しばいへの導入にするのなら，
>   かならず「へそのあるもの」と
>   「ないもの」の
>   2体のパペット（指人形）の組み合わせで演じてください。

> **ポイント2**
> ⇒パペットは，後で使用する紙しばいに登場する動物が望ましいです。
>   例）「人間」と「カエル」，「牛もしくはネコ」と「ニワトリ」など。
>   「へそのひみつ」の導入にするときは，へその有無がわかりづらい人形
>   はさけましょう！

キャラクターの人形も，へそがあるかないか分からないので，さけたほうがよいでしょう。

○へそがあるかわかりづらいもの（さけたほうがよいもの）

例）イルカ，クジラ，あんぱんまん，キティちゃん，ドラえもん，テレビやアニメのキャラクター人形，かっぱなど。

⑨ 絶対成功!? パペット人形劇の台本とらの巻!!
―チーターとかぼちゃ人形の場合―

カボッチャン

チータン

〈パペット人形劇台本〉

1　挨拶（かぼちゃから自己紹介）

🎃「ぼくは，かぼちゃだよ。名前は，カボッチャンだよ。よろしくね」

🐆「ぼくは，チーターだよ。名前は，チータンだよ。よろしくね」

🎃「チータンっていう名前なの？　チーターだからチータンっていうのかい？　単純だなあ（こばかにしたようにおどけて）」

2　名前

🐆「（怒ったように）なにいってるんだい！　チータンっていう名前は，ぼくを生んでくれた親が，2人で一生懸命考えて，とっても早く走れるチーターに成長するようにっていう強い願いを込めてつけてくれたんだぜ。名前っていうのは願いがこもっているんだ。
きっとここにいるお友達だって，きれいな桜の季節に生まれたから「さくら」とか，優しい子になるように「優しい」っていう字を使ったとか，きっとこころを込めた名前がついているはずさ！

> **ワザ！**　ここで，来てくれている子どもの名前を実際に挙げると効果的。受付名簿などで見ておくとよいでしょう。

準備・導入

　　それに比べて，なんだいかぼちゃのカボッチャンてさ。どうしてそんな名前をつけたんだろうね。あっ！　そうか。きっと，カボッチャンの親が，大きくておいしくて甘くて立派なかぼちゃになれるようにって名前をつけたんじゃないかい。きっとそうだよ！　お母さんから名前をどうやってつけたか聞いたことあるかい？」

🐰「聞いたことあるよ……（うなだれる）」

🐻「なんで落ち込むんだい!?」

🐰「実はこの前聞いたら，おいしいかぼちゃになれるように，じゃなくて，将来お金持ちのおぼっちゃんになれるように『カボッチャン』てつけたんだってさ……」（会場のママはちょっと笑う）

3　誕生日

🐻「ごめんごめん。落ち込ませちゃったなあ。こまったなあ。
　　そうだ！（思いついたように）カボッチャン，元気を出すためにパーティーをしよう。
　　カボッチャンの誕生日はいつだい？　誕生パーティーをしよう」

> **ワザ！**　このとき，会場にチータンが問いかけてもよい。講座をする月が10月なら「10月生まれの子，いるー？」とか。（来ているママ，パパ，先生方，スタッフの大人にも聞いてみよう！）実際，講座開催日と同じ誕生日のお友達がいました。そこで，手を挙げてくれた子がいて，会場のみんなが驚きました。そしてアドリブで，みんなで「おめでとう！」と拍手をしました。（p.23写真左参照）

🐰「誕生日？　誕生日って，あの，ケーキを食べる記念日かい？　そりゃあいい！」

🐻「カボッチャン違うよ！　誕生日っていうのはケーキを食べる記念日じゃなくて，生まれた記念日なんだよ！　ケーキを食べる記念日

じゃないよ！　くいしんぼうだなあ！」

👑「えっ！　そうなの!?　生まれた記念日なの？」

🐻「そうだよ，生まれた記念日。誕生日はここにいるどのお友達も，大人もみんなあるよ。お母さんのお腹(なか)から外に初めて飛び出した日が誕生日。それとさ……」

4　へそのヒミツ

🐻「実はぼく，すごいヒミツを聞いたことがあるんだ。人間って，お母さんのお腹の中にいるとき，お腹の中の赤ちゃんはお母さんとおへそでつながっていたというすごいうわさを聞いたことがあるんだ」

👑「なにっ！　おへそっ！　？？？？　おへそ？（おおげさに驚くとよい）チータンにはあるの？？」

（※会場の子どもたちに，チータンが，チーターにはおへそがあるか聞く）

🐻「チーターのぼくには，おへそがあると思う人。手を挙げてみて〜。

> **ワザ！**　ここで正解はいわないでおく。チーターにはへそがあるので，へそがあるという正解に手を挙げた子を数人，進行役は記憶しておく。覚える自信がない人は，サッと名前をメモしてもよい。答えを紙しばいの中で話すとき，「さっきは○○ちゃんが当ててくれたねー」とほめてあげることができるからです。(p.32参照)

　　　ではでは答えは次の紙しばいで教えるよ〜」

〇へそのの話からはじまる紙しばい・パネルシアターへ進む。

⑩ 紙しばい1
―みんなには おへそが ありますか―

〈紙しばい1の台本〉

みんなには おへそが ありますか？

どんな形の おへそかな？
大きくて立派な おへそかな？
それとも 小さくておしとやかな おへそかな？
ごまがいっぱいついていて おいしそうな おへそかな？
おへそって なんのあとなんだろうね〜。
男の子にも女の子にも
おじいちゃんにもおばあちゃんにも お父さんにもお母さんにも
近所のおばちゃんにも 学校や幼稚園や
保育園の先生や大人にもあるんだよ。

》この部分を早口でいうと効果的。

〈紙しばい1〉

今は使わないよね。
いらないんじゃない？
模様にしては変だよね。
今は使わないのに
どうしておへそがついているの？
なんだろう。
おへそって。

○ここで，クイズ→ホワイトボード
　シアター（p.31）に移ります。

●アドリブ例●
へへっへ，ぼくは実は，おへそがない特別人間なんだぞ！
……っていうお友達いるかな？
いないよね〜。
「あれ？ ぼくのお母さんにはおへそが見えないよ！」
というお友達は，よーく見てごらん。お肉とお肉をかきわけると，かならずあるよ〜。（会場の保護者から笑いがおこる）

⑪ ホワイトボードシアター1
―おへそのあるもの，ないもの―

〈ホワイトボードシアター1〉

絵の裏にマグネットシートを貼り，ホワイトボードにくっつける

○インターネットから おへそのあるもの ， おへそのないもの に属する動物の無料のイラストを打ち出すなどして，裏にマグネットを貼って作ると簡単です。文字はパソコンで自分で作ってもよいでしょう。p.29を拡大コピーしても簡単に作れます。

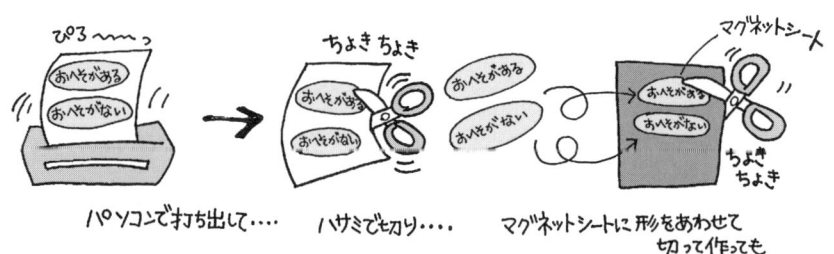

○マグネットシートは，文具店やホームセンターで売っています。裏にタ

ック紙がついていて，はがしてすぐ絵に貼れるようなシールタイプは簡便です。シールタイプでない場合は両面テープを利用すると便利です。

○手づくり絵シートの作り方例○

1　段ボールやワイシャツを買ったときについてくる厚紙などに絵を描きます。または，動物のイラストをプリントアウトします。（p.28参照）
2　描いた動物のイラストを切り取ります。
3　裏にマグネットシートを貼り付けます。
4　このようにして，ホワイトボードにくっつくネコやカエルやニワトリを作っておきます。
5　絵シートは，透明の袋（フリーザーバッグ［冷凍保存袋］；100円ショップなどでも売っている）に入れて整理しておくと，何が入っているか分かり便利です。

おへそがある

おへそがない

※拡大コピーして切って使えます。

> **ポイント**
>
> ○会場にホワイトボードや磁石がくっつく黒板があれば借りて代用できますが，大型のホワイトボードをこちらが持参するときは，
> 　① 押さえるスタッフがいるか，確認する。
> 　② ボードを固定するブックスタンドを用意する。
> ことが必要です。
> 　筆者は，縦60cm，横90cmのボードを持参していきます。
> ○ブックスタンドは，目にうるさくないように透明であることが望ましいです。
> 　大きなボードを固定するにはブックスタンドも安定させなくてはなりません。
> 　筆者は，両側に2台透明のブックスタンドを利用しています。
> 　下の写真で使用しているものは仕切り板が3段ついているものです。
> 　　＊ホームセンターで1つ500円程で購入できます。
> 　後ろに看護大事典，広辞苑，ジーニアス英和大辞典などの大型の辞典をはさみ，安定させて，使っています。

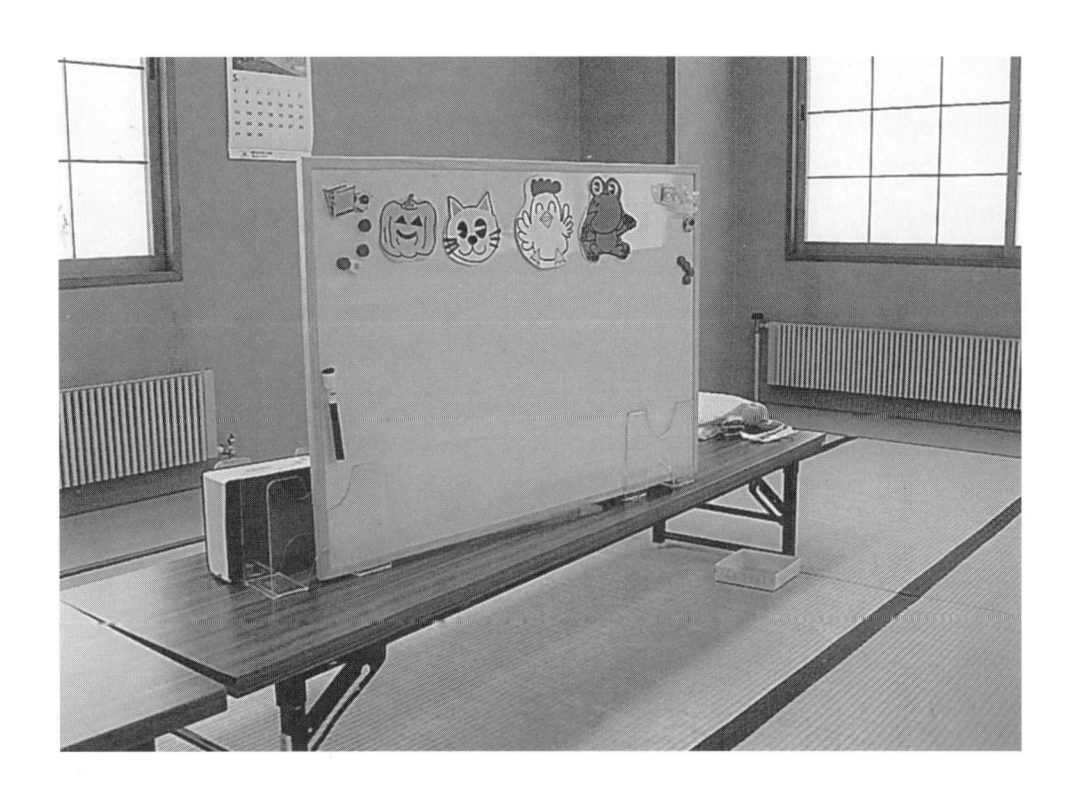

〈ホワイトボードシアター1の台本〉

＊p.27から続く

○進行役は，子どもたちに

「へそがあると思う？　カエルはどうかな」

と，一人ひとりに聞きながらボードに動物を貼っていきます。

> **ヒント・コツ**　積極的な子がいたり，時間があるときは，前に出てきてもらって，該当する動物をボードに貼ってもらいます。
>
> 　おとなしめの子が多ければ，「○○ちゃん，ニワトリはむずかしそうだけど，おへそはあると思う？」と，「はい」か「いいえ」，もしくはうなずくくらいで答えられるように，聞きながら，進行役が貼ります。

> **ワザ！**　自信なさそうな子が，少しでもうなずくなどのジェスチャーで，正解を示したときには，自信なさそうな子であればあるほど，進行役はこころに名前をとどめておきます。後に正解が分かったとき，「そういえば○○ちゃんが当ててくれていたよね！」と大げさにほめてあげるようにします。（p.32参照）

○よく分からないと首をかしげるジェスチャーをする子がいたら，「むずかしいね。じゃあ，中間（まんなか）に貼っておこうか」と，進行役は配慮し，さらりと受け流します。

○さらに静かな雰囲気なら，「カエルはおへそあると思う人？」と，挙手による多数決で決めて進行役が貼ります。

> **ヒント・コツ**　ここで，正解をバシッといわないほうがよいでしょう。後の紙しばいで自ずと正解が分かりますから。

⑫ 紙しばい２
―人間以外にもおへそがある―

〈紙しばい２の台本〉

実は

人間以外にもおへそはあるのです。

犬にもネコにも牛にもおへそがあります。

★チーターにもあります。（p.23⑧パペット人形劇で使用した動物のへそのあるなしについての正解を，セリフの中でサラリという）

〈紙しばい２〉

> **ワザ！** この★の部分で，p.26, p.31で正解を答えてくれた子をほめることができます。

卵で生まれる動物には特別なものを除いて

おへそはありません。

★ニワトリは卵で生まれるからおへそはありません。

★カエルにもおへそはありません。

人間は卵の形で生まれるのではなく

「赤ちゃん」の形で生まれてお乳（ちち）を飲んで大きくなります。

みんなも人間だから，卵の形で生まれてきません。

だからおへそがあります。

みんなが生まれる前，お母さんのお腹（なか）の中に入っていたころ

実はみんなのおへそはお母さんとつながっていました。

みんなにもおへそがありますよね。

みんなのおへそは，お母さんのお腹の中でつながっていたしるしなのです。

⑬ 紙しばい 3
―お母さんのお腹の中でのおへそのつながりを想像してみよう―

〈紙しばい 3 の台本〉

でもさ，
みんなが生まれる前，
お母さんのお腹(なか)に入れるくらい
小さい小さい赤ちゃんのとき
お腹の中にみんながいたころ
みんなは，お母さんと
おへそでつながっていたっていわれても
「お母さんのお腹の中で，
みんなのおへそとお母さんのお腹がつながっている
ってどういうこと？」
「どんなふうにつながっていたの？」
「どんな感じ？」
って思わない？

想像してみようか。

こんな感じかな。

赤ちゃんがいるお母さんのお腹の中，見てみたいね。

〈紙しばい 3〉

ヒント・コツ　「こんなふうにつながっていたと思う？」というふうに，絵をひとつずつ指して挙手させてもよいでしょう。
　各々のイラストの説明（セリフ）例としては，
「こんなふうに，赤ちゃんのおへそ，つきだしてつながっていたのかな？」
「ブランコみたいに，ブ──ラブ──ラしてたと思う？」
「それとも，思いっきりおへそは長くてリボン結びとかしてたと思う？」
「こんなふうにつながっていたと思うひとー」
と手を挙げさせると楽しいです。

☆☆☆楽楽カンタン術コーナー☆☆☆
―コピ・チョキ・ペッ！　でラクしちゃおう―

そのまま**コピー**

紙しばいの台本，マスコットの型紙，カード文例，動物マグネットシートイラストなどを拡大，縮小コピー。

チョキチョキ

切り抜いて……。
（文は自分なりに修正，追加して工夫）

ペッタン

紙しばいの裏　　カードのお手紙　　マスコットの型紙

紙しばいの裏に台本を貼ったり，カードにお手紙文例を貼って配ったり，型紙に合わせて切ったりして，ハイ，できあがり！

人形劇の台本

「この過程が一番大変ですものね！」

うーん……

この本を活用すればゼロから台本，セリフを考えなくてよいのです。

⑭ 紙しばい４
─赤ちゃんがいるお母さんの
お腹の中を見てみよう！─

○「どれどれ見てみよう」「魔法の透視メガネで見てみよう」というときに，おもちゃの虫メガネや双眼鏡を実際使っています。

〈紙しばい４の台本〉

おや？

赤ちゃんが入っているんじゃないかと思える，一人のお母さんが歩いているよ。

魔法の透視メガネで見てみようか。

←〈紙しばい４〉

♪チャラーン→ふたを開ける

赤ちゃんを産むお母さんのお腹の中に，いのちのもと，つまり赤ちゃんのもとが入るお部屋，袋がありますね。いのちのお部屋，いのちの袋になにかいるみたいだよ。赤ちゃんがいるようだから，もっと魔法の透視メガネで見てみようね。

♪チャラーン→紙しばいの裏からピンクのうすい紙を引いて取り除く

あ，いたよー！

じゃあ，このいのちのお部屋，いのちの袋の部分を大きくして，よーく見てみようね。

コツ

お腹のふたは，厚手のボール紙など，厚目の台紙で作るとよい。

めくりやすいようにセロハンテープや細長く切った画用紙などで，持ち手をつける。

めくっても胎児がまだ見えないようにうすい花紙（ピンク）でおおっておく。

うすい花紙（ピンク）

セリフ（台本）

切り込み

実際の紙しばい4の裏です。

紙しばい

「もっと魔法の透視メガネで，見てみようねー」といいながら，裏でピンクの花紙を引き抜くと，下の絵が見える。

応用

この紙しばい4は，ふたを開けたり，しめたりできるようにして，これだけを単独で掲示板に掲示し，児童が興味をもって，見たり，さわったりできるようにしておいてもよいでしょう。

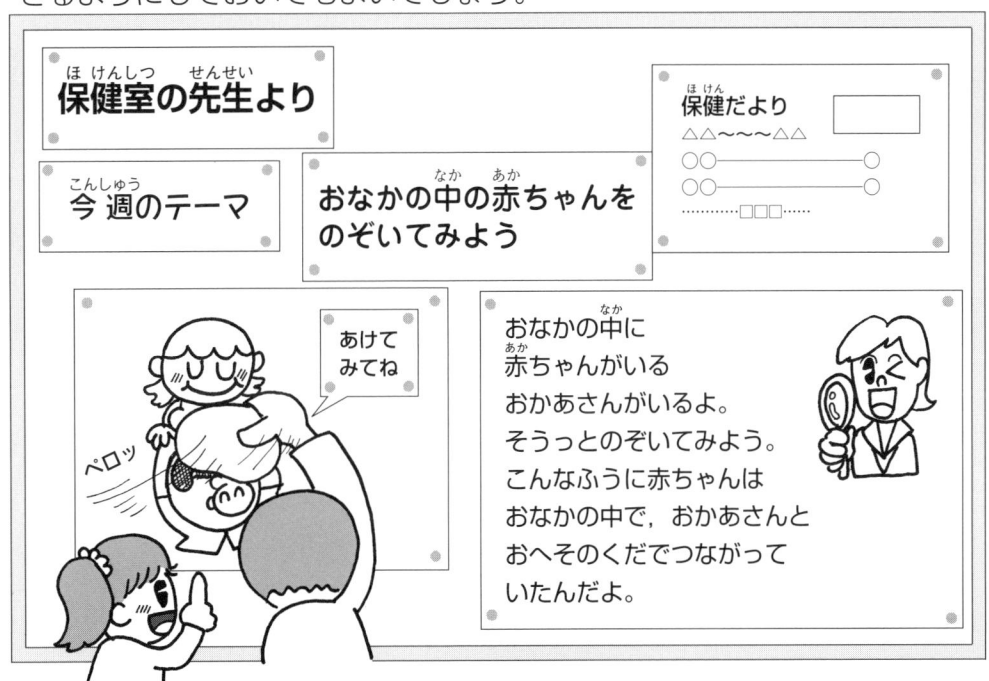

保健室の先生より

今週のテーマ

おなかの中の赤ちゃんをのぞいてみよう

保健だより

あけてみてね

ベロッ

おなかの中に赤ちゃんがいるおかあさんがいるよ。そうっとのぞいてみよう。こんなふうに赤ちゃんはおなかの中で，おかあさんとおへそのくだでつながっていたんだよ。

※養護教諭の先生（保健室の先生），
　より工夫を加えて楽しく掲示してみてくださいね！

⑮ 紙しばい5
―いのちのお部屋，いのちの袋，子宮の中で赤ちゃんはどうしているの？―

〈紙しばい5の台本〉　＊太字はキーワード

このいのちのお部屋，いのちの袋(ふくろ)のことを「子宮(しきゅう)」といいます。

お母さんの子宮の内側の壁(かべ)には，赤ちゃんの「**栄養やきれいな空気タンク**」がついています。

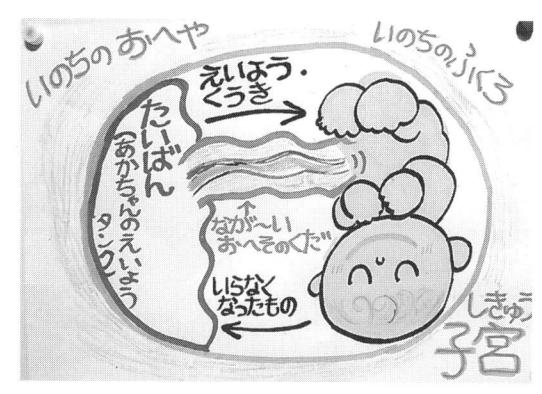

みんなは，今，もうお母さんのお腹(なか)の中にいなくて，もうお腹から出てきているけど，生きていくために息をしなくちゃ，生きていけないよね。

〈紙しばい5〉

スーハー，スーハーって，息をして，きれいな空気を吸って，**いらない空気**を吐(は)いてださないと，死んじゃうよね。

みんな，口とか鼻をふさいで，息を止めてずっとこうやってしていたら，生きていられるかな？

死んじゃうよね。お腹の中にいる赤ちゃんもおんなじ。

息を止めて，**呼吸**を止めては生きていられないの。

だけど，お腹の中の赤ちゃんは，スーハー，スーハーって口や鼻で深呼吸したり息をしたりしないの。

じゃあ，どこできれいな空気をもらうかというと，**実はおへその長い管(くだ)**でこのタンクからきれいな空気をもらうの。

次に，みんなはお腹から出てきて大きくなっているけど，栄養ってどうやってとってる？

紙しばい

ご飯パクパクって食べたり、おかずやおやつ、パクパクって口から食べてゴックンして栄養をとっているよね。

栄養をとらないでずっとご飯食べなかったら、元気なくなっちゃうよね。お腹の中にいる赤ちゃんもおんなじ。

でも、お腹の中に入る赤ちゃんはパクパク、モグモグってやって、口から栄養をとらないの。

じゃあ、どこから栄養をもらうかというと、それもこのおへその長い管を通して、お母さんの栄養タンクからもらうの。

> **コツ** 「息をする」「息を止める」「呼吸をする」「パクパク食べる」というセリフのときには、セリフの棒読みではなく、大きなジェスチャーを示しながら読むほうがよいです。
>
> ずっと こうやって 息を止めたら 死んじゃうよね
>
> こうやって みんなは パクパクって 口から食べるよね
>
> 実際、こういうふうに紙しばいの横で、おおげさなジェスチャーで読んでいます。

★「酸素」について学習する時期は、理科では小学6年、漢字や環境の学習の中では小学5年（文部科学省『学習指導要領』平成20年告示、平成23年度実施・教育出版教科書を参考）のため、本書では対象児の年齢を考慮した言葉を使いました。

⑯ 紙しばい6
―いのちのパイプ，へその緒を透視メガネで見てみよう！―

〈紙しばい6の台本〉

コツ　魔法の透視メガネをまたつかう！

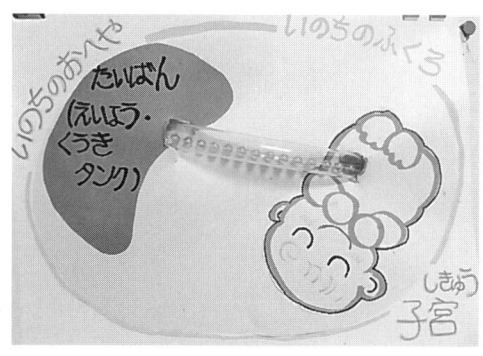

ここで，またまた魔法の透視メガネ（p.35参照）でいのちのパイプを透明にしてみるよ。

胎盤っていうお母さんの「栄養・きれい空気タンク」から栄養ときれいな空気がいきまーす。

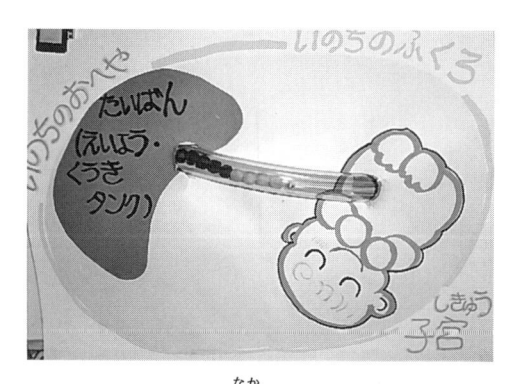

〈紙しばい6〉

次に赤ちゃんの体の中でいらなくなった物やいらなくなった空気を，タンクに返しまーす。

すごいね。おへその管って大事だね。いのちのパイプだね。

こんなふうにお腹の中の赤ちゃんは，長ーいおへその管で栄養タンクの持ち主のお母さんとしっかりつながっていました。

この袋に入っているときの長いおへその管を，「へその緒」と呼びます。

この「へその緒」という管の長さは，平均すると50cmくらいですが，人それぞれ長さが違っていて，30cmくらいの短い赤ちゃんもいれば，1ｍくらいの長い赤ちゃんもいて，いろいろなのです。

> **ヒント** この場合も，紙しばいの台紙は，ボール紙や工作用の厚紙を使った方がよいです。

○紙しばい6の作り方○

ホースの口径よりやや大きめの穴を開けて透明のホースを通します。

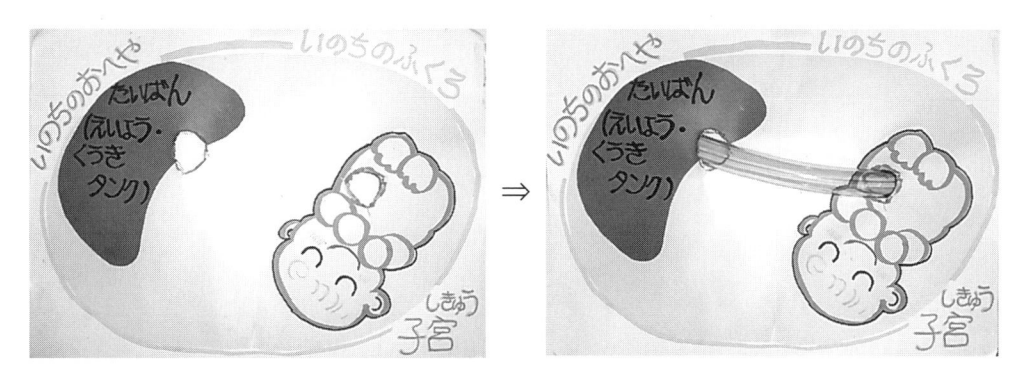

裏から見たところ ↓

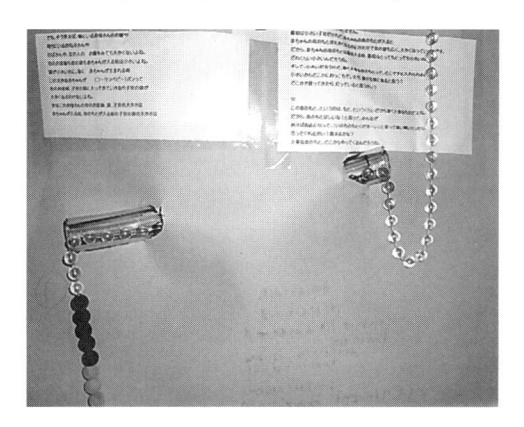

- 透明のホースは，ホームセンターで売っている切り売りの透明ホースでよいです。
- ホースの長さは30cm程度。
- 口径は25mmを筆者は使っています。ホースの口径が小さいと，中の玉が通りにくくなってしまいます。(この場合，ボール紙の穴は直径4.0〜4.5cmくらいにするとよい)

・中を通る物は，ビー玉だと，すばやく動きすぎて目にとまりにくいため，じゅず状につながっているものがよいです。写真のものは，100円ショップで売っていた女の子のネックレスを切ったものに，青色，緑色の発泡スチロールの球（東急ハンズで売っていたもの）を通したものです。

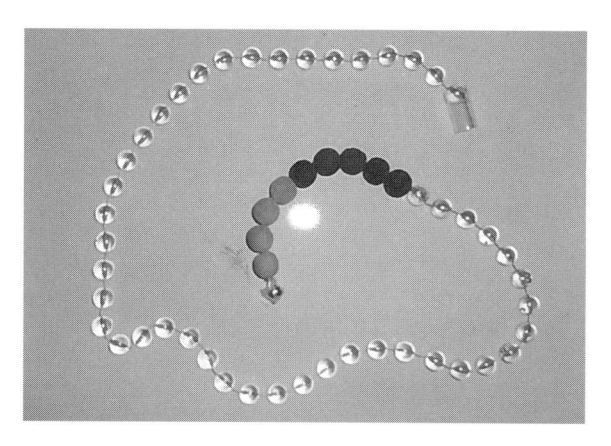

○上記のようなちょうどよいおもちゃのネックレスが見つからない場合は，

・透明ホースの中を通るじゅず状の玉は，穴の空いた，小さなカラフルな発泡スチロール玉，大き目のビーズ，ループエンドの玉（巾着袋を作るときなどのひもを通す玉）でも代用可能で，ひもやテグス，糸などを通して作ることができます。

・玉は，ホースの口径より小さく，かつ見やすい色を選びます。玉は，手芸店や東急ハンズでも購入することができます。

・どうしても玉の代用が見つからなければ，紙粘土を丸めて丁度よい大きさの玉を作ってもよいでしょう。

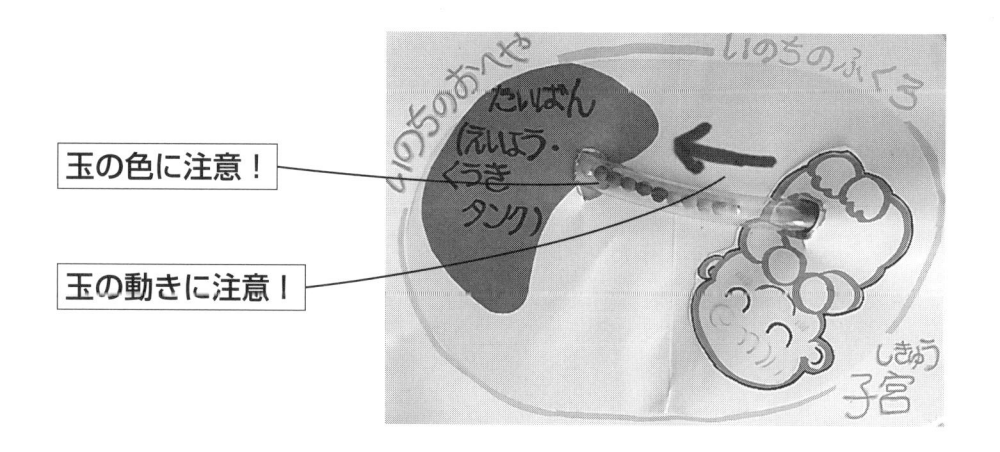

玉の色に注意！

玉の動きに注意！

紙しばい

☆栄養タンクから，赤ちゃんの方向にじゅず状のものを動かすときは，赤やピンク，オレンジなどの暖色系の色を動かします。

　なぜならば，実際も，栄養やきれいな酸素を含む明るい色の血液が，赤ちゃんへ移動するからです。

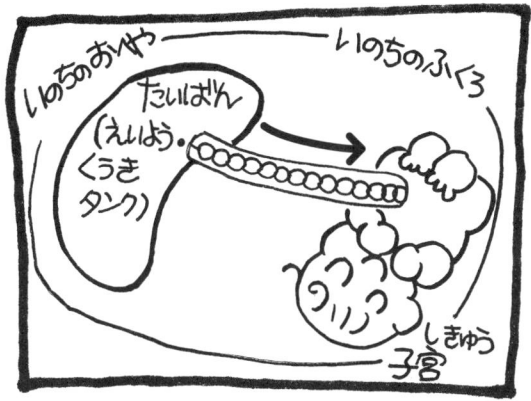

☆次に，赤ちゃんから胎盤の方向へ動かすときは，緑や青など寒色系にします。理由は，実際も，二酸化炭素などいらないものを含む，暗い色の血が通るからです。

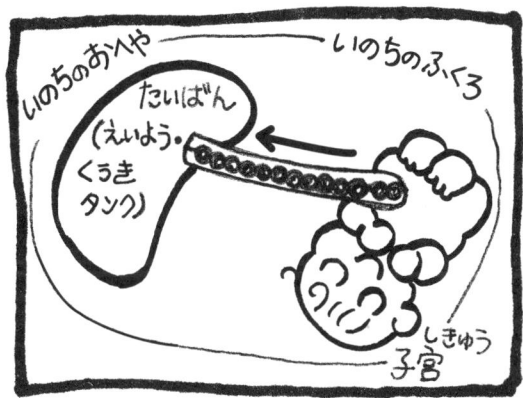

> **ワザ！**　紙しばいで見せるときは，
> 「きれいな空気，栄養が赤ちゃんにいきま――――す。
> お母さんの愛情もいきま――――す」
> といって，動かしたり，
> 「いらないもの，いきま――――す。赤ちゃんのお母さんへの気持ちも，大好き――――っていう思いもいきま――――す」
> というプラスアルファのセリフ（アドリブ）をいうとよいでしょう。

⑰ へその緒！ いのちのパイプの長さ

＊p.40から続く

（p.47で作るへその緒（三つ編み状のひも）を示しながら）

「これくらいです。でも一人ひとりおんなじ顔の人はいないように，へその管の長さも長かったり短かったり，一人ひとり違います」

○へその緒にテーマがしぼられているときや，時間によゆうがあるときは，「へその緒，いわゆるいのちのパイプって長いんだよ」と，見たりふれたりすることで分かってもらうのもよいでしょう。

○⑯の「紙しばい6」で，透明ホースをはずすと

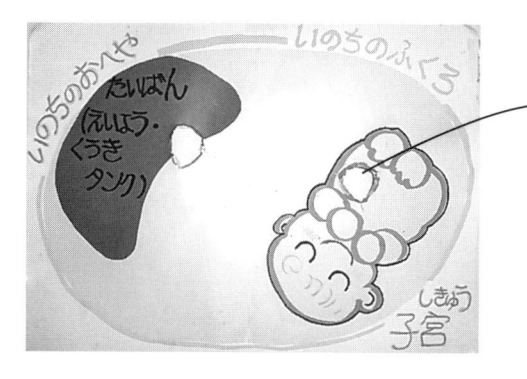

ここに穴が
空いている
ことになります。

○へその緒の長さを実感させるために，赤ちゃんのおへその穴から，ホースに入っていない簡略版へその緒（三つ編み状のひも）を出していきます。

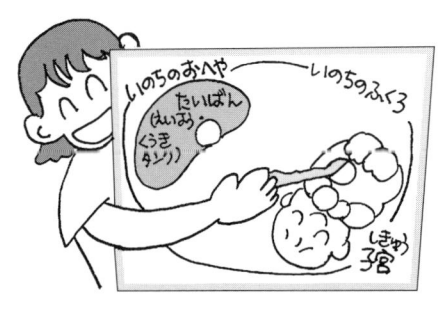

積極的な子どもがいれば，
へその緒を引かせてもよい。

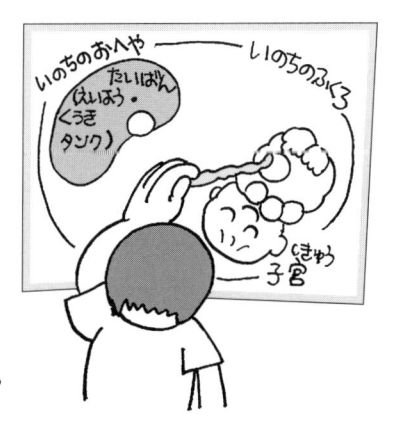

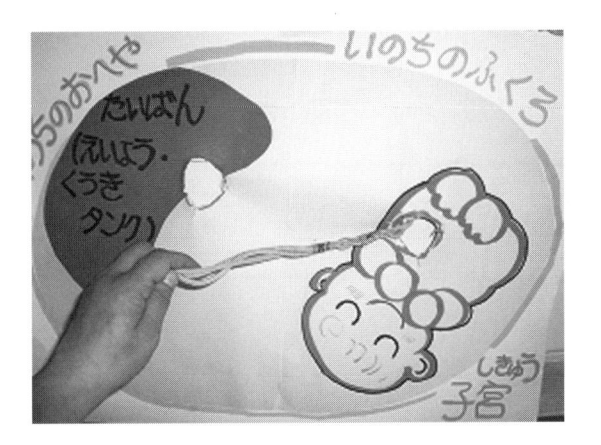

ニョキニョキこれが
30cm くらい

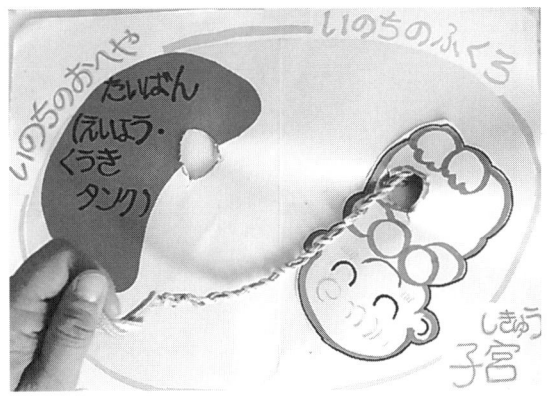

これが50cm くらいで
これくらいが
平均的だよ

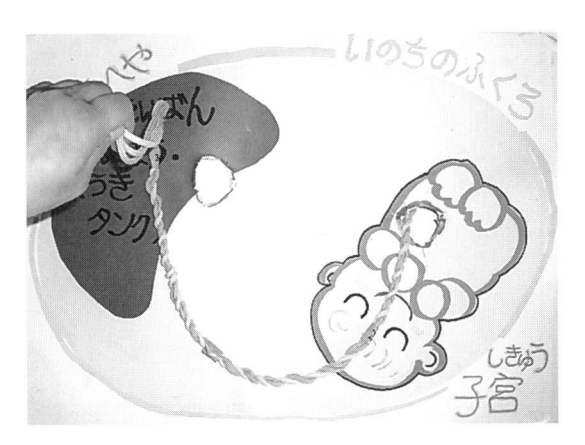

これが１mくらい！
長い赤ちゃんだね！

と，いってニョキニョキ出していくのもよいです。

🔴ポイント

○声かけのコツとしては
「長さが１ｍくらいの赤ちゃんだと，へその緒が長くて，なんだか体に巻きついちゃいそうだね〜」
といいます。

○さらりとした一言ですが，母子手帳（p.55参照）に「臍帯巻絡」などと書いてあることがあります。これは，なにかの理由で，へその緒が赤ちゃんに巻きつく事態になったことを表します。

○家に帰り，母子手帳を介して，お母さんが子どもに話すときに，説明しやすくなります。

例えば，母親が，子どもと生まれたときのエピソードを語り合うときに，

母親「○○ちゃんは生まれたとき，へその緒が巻きついていたらしくて，お母さんはびっくりしたのよ」

子 「あ！ それ授業で見た！ へその緒，長かったの？」

といった具合です。

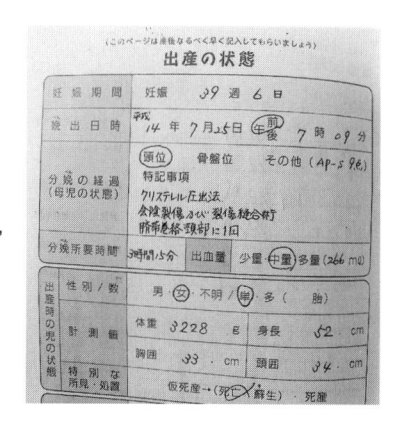

時間がなければ

○紙しばい6の場面の穴から透明ホースを抜く作業は，手間がかかります。

○そのような作業の時間もなく，p.44，45のように実際にへその緒を赤ちゃんのおへその穴から出す時間がない場合は，あらかじめ作っておいた「へその緒（ビニールホースに通したもの）」（p.47）を示しながら，紙しばいの横でへその緒の長さや「臍帯巻絡」などについて説明するとよいでしょう。

ポイント

○長さを分かってもらうには，

25cm 30cm　　　50cm　　　　70cm　　　　　1m

がポイントであるので，1mくらいの長さのものを用います。

○理由は，へその緒の平均は約50cmくらいですが，実際は30cm〜1mくらいの個人差があるためです。また，

　　・25cm以下を過短臍帯　　　・70cm以上を過長臍帯

と，定義することがあります。

○年長さんくらいだと，言葉で30cmとか，50cmといわれても，「？？？」という感じです。

単純なものでもよいので，長さをイメージできるものがあるとよいでしょう。

◯**筆者がへその緒としてよく使うもの**

① 手芸店で売っているピンクのひも1本と，水色のひも2本を，各々1.5mほど買います。それを適当に三つ編みにします。ビニールテープで，25cm，30cm，50cm，70cm，1mのあたりに印をつけます。

② ①を透明のビニールホース（1mくらい）に通します。これで完成。

　＊なぜ，水色という寒色のひもが2本かというと，へその緒の中の血管は，静脈血が流れる血管が2本，動脈血が流れる血管が1本だからです。また，透明のホースに通すのは，臍帯は実際羊膜で被われており，その直下に，ワルトン膠質(こうしつ)に被われて，臍帯動脈2本と臍帯静脈1本があるので，血管がむきだしになっているわけではないからです。

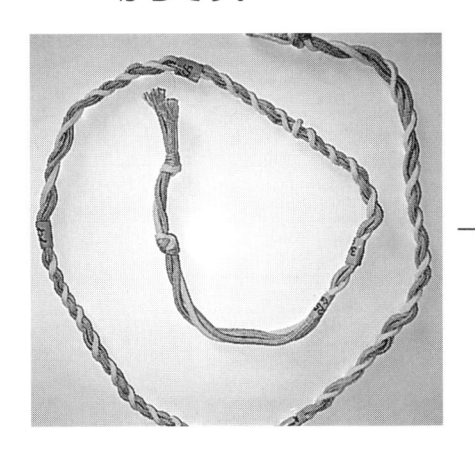

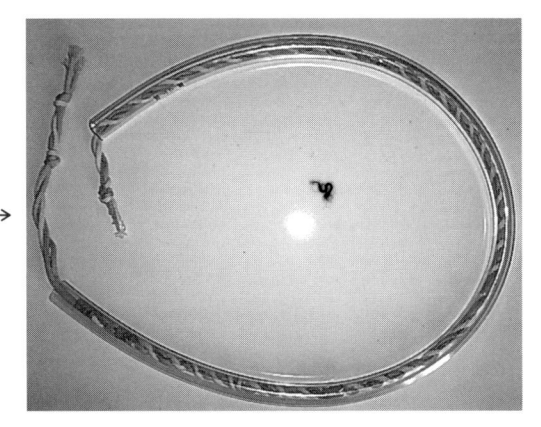

⑱ 紙しばい7
―妊娠前の子宮の大きさ―

〈紙しばい7の台本〉

でも，そういえば，
横にいるお母さんのお腹や
周りにいるおねえさんや
おばさんや，女の人のお腹を見ても
大きくないよね。

〈紙しばい7〉

いのちのお部屋もいのちの袋も，赤ちゃんが入る前は小さいよね。
袋が小さいのに，赤ちゃんが生まれるとき，
この大きな赤ちゃん（準備しておいた，生まれる直前の胎児人形や新生児
人形をみんなに見せながら話す）がポンって，
急にいのちのお部屋，いのちの袋に入ってきて，
いきなり子宮が大きくなるわけないよね。
実はこのお母さんのいのちのお部屋，いのちの袋，子宮は
赤ちゃんが入る前，いのちのもとが入る前の子宮の大きさは
ニワトリの卵くらいの大きさしかありません。
最初は小さい子宮だけれど，赤ちゃんのいのちのもとが入ると
赤ちゃんのいのちのもとが大きくなるのに合わせて
子宮も広く，大きくなっていくのです。
だから，赤ちゃんのいのちのもとは子宮に入るとき，
最初はとってもとっても小さいんだよ。
どれくらい小さいんだろうね。
そして，小さいだろうけど，すごく大事ないのちのもとって，
どこで手に入れられると思う？

小さいからどこかに落っこちていたり，謎の宝島にあると思う？
どこかで買ってきたり，売っていると思うかい？

このいのちのもと，というのは，もと，というくらいだから
すごく大事なものだよ。
だから，いのちのもとほしいな！　と思って，みんなが
例えば，お店に買い物に行って，「いのちのもとくださーい」といっても
売ってくれると思うかい？　買えるかな？
大事ないのちのもと，どこからやってくるんだろうね。

> **ヒント①**　テーマは子宮の大きさです。女の子は，赤ちゃんでもおばさんでも，みんな子宮をもって生まれてくるということに重きをおいた場合や，時間がある場合には，「大人の女の人の妊娠していないときの子宮の大きさはニワトリの卵くらいである」といって，ゆで卵（事前に準備しておく）を見せてもよいでしょう。

> **ヒント②**　「幼稚園のおねえちゃんや小学校の低学年くらいだとウズラの卵くらいの大きさ。小学校の高学年や中学生くらいになってくると，イチゴの一粒くらいになる」といって，実際のゆでたウズラの卵やイチゴを用意しておいて見せてもよいです。「ここにいる女の子だったら，これくらいの大きさのいのちの袋，子宮があるのかもしれないね」と声をかけてもよいでしょう。ただし，大きさには，個人差があるということ，一人ひとり違うということを必ずいいます！

> **ポイント**
> ○文章にすると，何度も「いのちのお部屋」「いのちの袋」「子宮」という言葉をくり返していて，一見くどいように見えるかもしれませんが，前記の言葉が子どもの頭の中でつながるために，筆者はセリフで何度もくり返すようにしています。

⑲ ホワイトボードシアター2
―いのちのもとができるには，女の人と男の人の協力が必要―

〈ホワイトボードシアター2〉

〈ホワイトボードシアター2の台本〉

赤ちゃんがきてほしいな，「みんなに生まれてきてほしいな」と強く思った女の人，お母さんの〈女の種類の「赤ちゃんの卵」〉とおんなじように，「みんなに生まれてきてほしいな！」と強く思った男の人，お父さんの〈男の種類の「赤ちゃんの卵」〉の二種類が協力し合って，女の赤ちゃん卵と男の赤ちゃん卵の二種類合わさって，合体して，強力な，**いのちのもと**ができます。

男の赤ちゃん卵と女の赤ちゃん卵二種類が力を合わせて協力しないと「最強，強力いのちのもと」はできません。すごい強力いのちのもとは女の人のいのちの袋に入ります。

みんな，今，大きくなっているけど，みんなもこのいのちのもとでした。

そして，みんながいのちの袋に入ったときは，小さい小さいいのちのもとだったんです。

みんなだけじゃありません。

みんなのそばにいるママも，私みたいなおばさん自身も，

もとは，とっても小さいいのちのもとでした。

さあ，みなさん。

お母さんのいのちのお部屋，子宮の中にいのちのもとがやってきました。

解説

○年長児から小学校1・2年生対象の講座だと，このあたりの部分は，多くの親が，専門職や教育関係の先生から子どもに伝えてほしいと希望することが多いテーマです。

「卵子」と「精子」，「受精卵」という言葉は，前記の対象年齢だと，むずかしい表現です。

○この年齢に伝える場合は，筆者は以下の点に留意しています。

> **ポイント**
> ① 女の種類の赤ちゃんのもと（分かりやすいように「女の種類の赤ちゃんの卵(たまご)」と筆者はいう）
> 　男の種類の赤ちゃんのもと（分かりやすいように「男の種類の赤ちゃんの卵(たまご)」という）
> 　この二種類が協力して，合体しないといのちのもとはできない，という事実。
> ② 合体してできた強力いのちのもとが，女の人のお腹の中にあるいのちのお部屋，いのちの袋である子宮にやどる，という事実。
> ③ 二種類が，あなたたち（赤ちゃん）に生まれてきてほしいと，強く願い合ったから，いのちのもとができたのだ，という事実。
> 　この①～③を伝えるということにポイントをおいています。

○精子は厳密にいうと，卵子のように卵という言葉はふさわしくないかもしれませんが，対象年齢が低い子どもたちだと，「女の赤ちゃん卵(たまご)」に対して，「男の赤ちゃん卵(たまご)」と表現したほうが分かりやすいです。

そして，のちのちでてくる受精卵（2つが合体したもの）は，「いのちのもと」「赤ちゃんのもと」というように「卵」という言葉を使わないで使いわけて表現していくとよいでしょう。

> **留意点**

○ここで，進行役が配慮することは，①〜③の事実を伝えるとき，参加している子どもたちの中には，シングルさん，一人親の家庭があったり，両親がなく，祖父母のもとで育っている場合が，必ずあることを想定した物言いをすることが重要です。

○また，実際，今両親とくらしていても，のちのち一人親になったり，親と離れてくらすようになる子もいることを想定して，話をすることが大事です。

〈禁句の例〉

「今，みんなが一緒にくらしているパパとママが協力し合って，みんなが生まれたんだね〜♬」などは，絶対ダメです。

○一見，Happy な言葉がけに見えますが，タブーです。

パパとママ2人が一緒にくらしていることが当然という物言いは，いけません。重要なのはそこではありません。

○大事なのは，

「あなたたちは，生まれたその瞬間の景色も

大人の喜んでいる顔も覚えていないかもしれないし，

あなたたちが，いのちのもととなったときのことも覚えていないでしょう。

しかし，あなたたちがいのちのもととなったその瞬間，

そして生まれる，その瞬間に，

あなたたちに生まれてきてほしいと強く願った男の人と女の人が，

必ずいたということはゆるぎない事実です。

そして，いのちのもとは，

世界でたった1つの，オリジナルなものであり，

同じ顔の友達が決してないように，オンリーワンなのです」

ということを，伝えることなのです。

⑳ 紙しばい8
―いのちのもとがやどってからの経過―

――― 白い画用紙で半分かくしている。紙しばいのときは，このかくしているほうの画用紙の裏にカンペ（セリフ）を書いておくと便利。

〈紙しばい8〉

〈紙しばい8の台本〉

初めてやってきたいのちのもと，初めての大きさは，とっても小さいのです。どれくらいの大きさだと思いますか？

答えはこの絵の中にちゃーんと描いてありますよ。

見えますか？　見えないかもね。小さいよ。

どれくらいの大きさかというヒントは，みんなに最初に配ったカードの中にあります。カードの中にピンクの折り紙が入っていたと思います。

それを明るい光に向けて，こうやって，透かして見てください。（実際にやってみせる）

こころがきれいな人には，ハートが透けて見えます。（冗談めかしていう）

ハートが透けて見えない人は，後でもっと明るい日差しに向けたり，おうちの明るい電気の光に向けてみてください。

その透けたハートの真ん中に針で，チョンってつついたような点がないかな？

それがみんなのいのちの始まりの，いのちのもとの最初の大きさです。

みんなだけではなく，横にいるお母さんもここにいる大人もみんなこのいのちのもと，チョンっていう大きさでした。

これがこれから，赤ちゃんになっていくのです。

まだ，このお母さんは自分のお腹の中の下のほうにある子宮の袋，いのちのお部屋に新しいいのちのもとが入っているとは，気づいていないようですね。

なにも知らずにいるようです。

真夏なのでしょうか？　暑いようですね。

分かりやすいように，お盆の頃にいのちのもとが入ったとしましょう。

> **ポイント**
> ○いのちのもとの最初の大きさが，小さいということを示すために，針の先でつついたくらいの点（穴）を，事前に子どもたちに渡しておくとよいです。時間がなければ，教室や会場にある掲示板の画鋲やピンなど，その場にあるものでチョンと紙などをつついて，みんなに説明してもよいでしょう。
> ○後々，胎児の週数を追いながら大きくなっていく様子を話していきますが，実際，低年齢だと，胎児の週数が7週とか11週などといわれてもピンとこないことが多いです。
> したがって，講座開催日を誕生日として逆算し，いのちのもとがやどるときを計算しておきます。例えば「真夏の頃に，いのちのもとがやどったとしましょう」とか「お正月の頃に，いのちのもとがやどったとしましょう」などと，季節をいっておくと，子どもらは分かりやすいです。

> **コツ**　妊娠カレンダーを利用して逆算すると便利です。
> 筆者は講師として出向くときも持参していくようにしています。
> 理由は，
> ① 参加者の親で第2子，3子を妊娠中の方がいると，予定日を合わせて，今，お腹の中の赤ちゃんがどれくらいなのか話すことができる。
> ② 7月中旬生まれの子どもだと，後で製作する11週の胎児マスコットは，クリスマスあたりのお腹の中の自分（赤ちゃん）を作ることになる。そのような話題づくりのヒントにもなる。

㉑ 紙しばい９
―母子手帳をもらいにいく頃の胎児―

〈紙しばい９の台本〉（紙しばい８の半分をかくしていた画用紙を取る）

７週間くらいたちました。秋になったくらいです。
７～８週間くらいたつと，あずきくらいの大きさになったよ。
みんなが食べるお赤飯に入っているあずきくらいの大きさです。
心臓も動き始めています。
この頃，お母さんも，いつもの体の様子と違うかなと気づいて病院に行ってみたりします。
そして，お医者さんから「赤ちゃんのいのちのもとが，お母さんのいのちのお部屋に入りました！」と伝えられると，
お母さんは，住んでいるところの役所や役場や保健センターというところに行って，保健師さんや他の係の人に「母子手帳」※というものをもらいます。
　　　　　　　　　　　　　　　※「母子健康手帳」のこと。
この母子手帳というのは，いのちのもとが育っていく様子，お母さんの体の調子，育っていく赤ちゃんの様子，ずっと先になるけど，産まれたときの様子，産まれた後の赤ちゃんの記録，予防接種のことなど，を書いていく大事な手帳です。

こんなのがあります。（右写真参照）
表紙がミッフィーの今風なものもあ

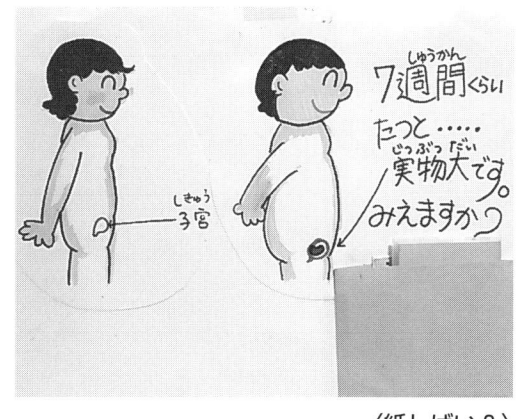

〈紙しばい９〉

ります。

ほかの町ではこんなものもあります。（ほかの町の手帳を見せる）

みんなが大きくなったときには，どんなデザインがはやっているかな？

> **重要ポイント**
> ○ここで大事なのは，お母さんが，産婦人科などに受診し，母子手帳をもらいにいく時期だということです。
> ○このことを知った子どもたちは，「自分の母子手帳見せてー」と，お家に帰って，お母さんに聞くことができます。
> そして，それをきっかけにして，お家で親子で語り合っていただければ，これほど嬉しいことはありません。

○保護者・ママなどが講座にきている場合は，大人も自分自身が生まれたときに母子手帳があったのだとふり返ることもできます。

前ページの写真（左の2つ）は，筆者が生まれた頃の母子手帳のデザイン（ママたちくらいの年代）です。

○また，講座開催地での独特の母子手帳をリサーチしておき，取り出してみたりして，親子が語りやすいようにします。

筆者は，母子手帳初代に近いレトロな時代の母子手帳の表紙（写真右端）を用意しています。おばあちゃんの時代です。会場にいる保護者や見学者（大人）から「へえ〜」という声が出るので大人も楽しめます。

○ちなみに母子手帳は，ひとり親であろうと，未入籍であろうと，関係なくもらえます。基本的には住民票のある市町村でもらいます。（災害などの関係で今規制はゆるくなっている）

ママと赤ちゃんのきずなともいえる手帳です。

○大きな市では，医療職以外の人が発行することもありますが，保健師が発行することも多いです。筆者はここで，保健師の職種紹介もチラリとするよう配慮しています。

㉒ 紙しばい10
―11～12週頃の胎児紹介―

〈紙しばい10の台本〉

さてさて，そんな雑談をしているうちに真夏にいのちのもとがやどってから，11～12週たちました。秋も深まり，初雪が降っているかもしれません。身長は8～9cmくらいで，丸まっているので頭からお尻までの長さは4～5cmくらいになります。重さは30gくらいです。30gくらいってどれくらいの重さでしょう。重さだけだと，1円玉30枚分です。

でもこんな小さな体に入らないよね。

小さいのに重いよ。

この時期は小さくてもちゃんと目・鼻・唇・耳もはっきりしてきます。

みなさんには，後でこの胎児ちゃんマスコットを作ってもらいます。

どれくらいの重さか，はかりで量って，この小さい体におもりを工夫して詰めてみてくださいね。

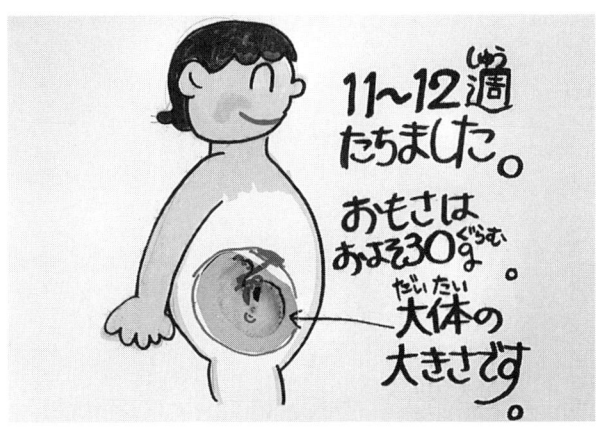

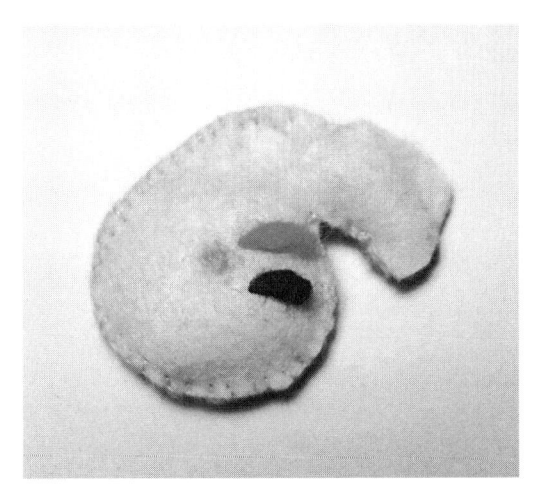

〈紙しばい10〉

胎児マスコット（実物大）

> **ポイント**
> ○講座の流れの中で，マスコットづくりが最後のプログラムであるときは，ここで，紙しばい10に実際の胎児マスコットのスナップ写真（実物大）を貼っておき，さらにマスコットの実物も見せ，参加者が後で自分がどのようなものを作るかイメージできるように，配慮しています。

☆☆☆楽楽カンタン術コーナー☆☆☆
―紙しばいづくりのコツ―

① 紙しばいを手づくりするのって，裏に台詞(うらせりふ)を書くのが面倒(めんどう)ヨネ～

② おっ，でもこの本には台本そのものがのってるわ

③ 台本コピー！

④ 言葉は自分流にチョコチョコアレンジ！

⑤ 絵（場面）に合う台本が読み手の目の前に来るように注意して貼ります

⑥ 紙しばいの上，または左右のどちらかに（読み手が場面を引く方向側）に幅広のテープを二つ折りにして貼り，色分けした数字（場面番号）を両面に書いておくと便利です。

便利な点：
・子どもたちが今見ている場面を確認しながら読める。
・読み手が引きやすい。

㉓ 紙しばい11，12
―産まれる直前の赤ちゃん―

〈紙しばい11の台本〉

さてさて，いろいろおしゃべりしているうちに，子宮の中の赤ちゃんはどんどん大きくなってきました。

いのちのもとが子宮に入ったときは真夏だったかもしれませんが，どんどん大きくなり，クリスマスも終わり，お正月も過ぎました。（→ポイント１）

だんだん産まれる直前の赤ちゃんの体重に近づいていきますよ……

〈紙しばい11〉

〈紙しばい12の台本〉

いよいよお誕生の予定の日が近づいてきました。

いのちのもとがお母さんのいのちのお部屋，子宮に入ったのが去年の真夏で，針の先のチョンくらいだったのに，秋が来て，冬が来て，お正月も過ぎて春が来て（→ポイント１）今はもう５月。

赤ちゃんは3000g，３kgという重さに近づいてきました。

３kgというのは，みんなが飲む牛乳１リットルの大きいパック３本分の重さです。（→ポイント２）

双子(ふたご)ちゃんだったら，もっと重くて大変かもしれませんね。

〈紙しばい12〉

59

ポイント❶

○時の流れを季節にたとえると小さい子どもは，分かりやすいです。
例えば，胎児週数30週とか，40週と話すより，「お正月」「真冬」「雪が解けて春になり」という言葉のほうが分かりやすいです。

ポイント❷

○「倍(ばい)」という概念は，年長さんには分かりづらいので（小学校で習います），手間でも，牛乳パックは3本用意したほうが分かりやすいでしょう。

○実際は，講座の前に，牛乳3本用意しておいて，見せます。

> 牛乳1リットル3本を
> 実際に持ったほうが，
> 小さい子には
> 重そうな感じが
> 伝わります

おもそう〜♡

あのおばさん、手がふるえてるよ…

○「この重さだよ――。
こんなに重いのがお母さんのお腹(なか)に入っていたんだよ――」
という具合です。

紙しばい

> **ポイント❸**
> ○実際に展示している人形などをスナップ写真で撮り，紙しばい12に貼っておくとよいでしょう。
> 　子どもたちが，後で実際に人形をだっこするときイメージしやすいからです。

☆参加者で，双子ちゃんなど多胎の子がいるときは，筆者は別に用意しておいた双子ちゃん紙しばい（下の写真参照）をちらっと，はさむようにしています。

> **ワザ！**　ママたちが参加している中で，双子ちゃんのママがいるときは，「双子ちゃんって重いんだねー」という子どもの感想もさることながら，ママ同士での「双子ちゃんのママって大変!!」という，苦労の分かち合いなどが生まれることがあります。
> 　時間があり，ママの人数が少なければ，進行役が双子ちゃんのママに「大変だったでしょ！」
> などと，話を振ると，ママが苦労話をしてくれることがあります。
> 　双子ちゃんを産んだことのないたいていのママたちは，うなずいたり，あいづちを打って聞いてくれます。
> 　ほとんどのママたちにとっては，すごく新鮮な体験談なのです。

61

㉔ 紙しばい13，14
─産まれる直前，陣痛発来─

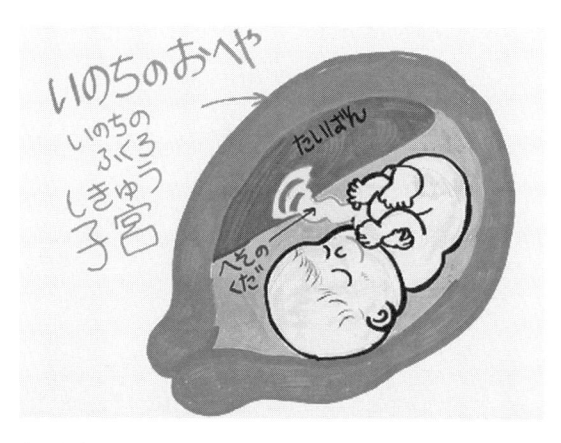

〈紙しばい13〉

〈紙しばい13の台本〉（ホワイトボードに紙しばい13を貼る）
赤ちゃんは楽しそうな色々な音を聞きながら大きくなって，お母さんの顔が見たくて見たくて会いたくてしょうがなくなってきました。
もういのちのお部屋から外に出たくて会いたくてたまらなくなってきました。

袋に入っているから，こうなっているね。（紙しばい13の上にAを貼り，その上にBを重ねて貼る。p.65参照）
いよいよお腹の中の赤ちゃんがお母さんに会いたくなってきました。

そうなると，赤ちゃんはお母さんにある合図を送ります。
どんな合図かというと，この子宮という袋をギュッと縮める合図を送るのです。
合図が送られるとこの子宮がキューッと縮み始めます。
これが赤ちゃんを押し出す力になります。

（ホワイトボード横に紙しばい14を立てておく。配置の様子は次ページのイラストを参照）

「あ！ いよいよ，本格的なサインがきたかな！？」

子宮といういのちの袋，いのちのお部屋がギュギュギューッと縮む力が，だんだん強くなってきたぞー‼

いのちの部屋の出口や産まれるときの道が，だんだん広がっていきます。

〈紙しばい14〉

赤ちゃんが産まれるときにがんばって通る道を「うまれるみち」といい，漢字で「産道（さんどう）」と書きます。（ホワイトボードに「産道」と書く）

この産道すなわち「産まれる道」は，赤ちゃんの入っていた子宮がギューッと小さく縮むと開いていきます。

産まれる道の始まるところである子宮の出口は，一番大きく開いても10cmくらいしか開きません。（セリフのタイミングに合わせて紙しばい13よりBをめくる）

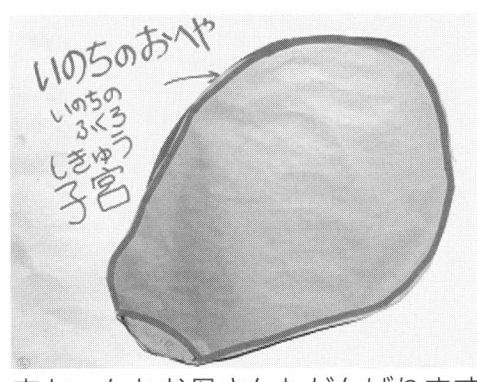

こんな小さな出口は，赤ちゃんの頭がやっと通れるくらいの大きさなのです。

せまいので赤ちゃんは一生懸命頭や体の向きを変えて工夫して出てこなければなりません。

赤ちゃんもお母さんもがんばります。

産まれる道の通り方も子宮からの出方も一人ひとり，みんな違います。それぞれが得意な通り方で出てきます。中には，<u>この子宮の出口の上の方をお医者さんが少し切ってあげて，</u>（このときの指の動きは次ページのイラストを参照）赤ちゃんが外に出るのを手伝うやり方もあります。

このやり方で出てくる赤ちゃんも,もちろん赤ちゃんやお母さんががんばったことは同じで,そのときのお母さんや赤ちゃんのいのちの安全を一番に考えた,がんばり必殺技なのです。

「子宮の出口の上のほうを,お医者さんが少し切ってあげて」

帝王切開をイメージします

紙しばい　　指の動き　　ホワイトボード

さあ,いよいよ産まれる道が開いてきました。
赤ちゃんもがんばります。お母さんもがんばります。
たくさんの大人の応援の声が聞こえます。
子宮の出口はとってもせまいのです。
産まれる道もどんな困難が待ち受けているか分かりません。
赤ちゃんが,産まれる道を進みます。
そのときの赤ちゃんの気持ちって,どんなだろうね。
みんなは産まれるときの気持ち,産まれる道を通っているときの気持ち,覚えているかい？
みんな,いま,自分の心臓の音,聞いたことあるかい。
病院に行ったらお医者さんが聴診器を胸に当てて,トックン,トックンっていう心臓の音を聞くけど,産まれるときの赤ちゃんの心臓の音は,
ドクン,ドクン,ドクン。
大人の心臓のトックン,トックンよりもっと早く,回数は多いのです。
赤ちゃんはドクン,ドクン,ドクンって胸がドキドキして,
すごくがんばっているんだね。

紙しばい

> **ポイント**
>
> ○ホワイトボードに紙しばい13を貼ります。
> ○タイミングとセリフに合わせてAの上にBを重ねて貼ります。 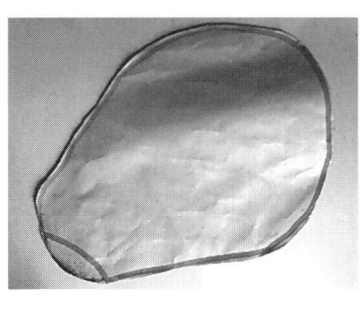
>
> A 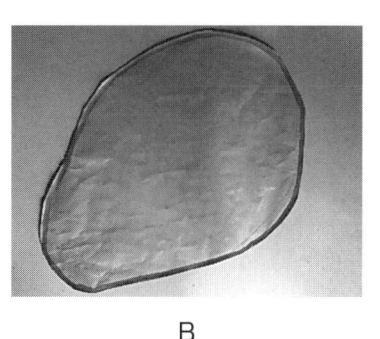　　　　　　　　　　B
>
> セリフに合わせて上のBをはがすと，ちょっと頭が見えるAの写真になります。
>
> ○A，Bはピンクの模造紙を切ったもので，ポスターカラーや油性ペンでふち取りしたものです。（カラー口絵㉕㉖参照）
> ○A，B各々の裏のふちには，切ったマグネットシートがついています。（下図参照）
>
> **注意** AとBが重なったときに，各々のマグネットシートが重ならないように工夫してつけましょう。
>
> マグネットシート
>
> Aの裏　　　Bの裏

ワザ！　紙しばい終了後，この部分を単独で掲示しておくと，子どもたちはめくって，いのちの袋の中を見ながら，講師やスタッフに楽しそうに質問してきます。

　この年齢（年長〜小学校低学年）の子どもは見たり聞いたりするだけでなく，触れたり体験することで，より場面を楽しみます。

㉕ 紙しばい15
―産まれるとき，そのとき見えていたもの，聞こえていた音―

(ホワイトボードには紙しばい13が貼られている。ボード横に立てておいた紙しばい14を紙しばい15に変える)

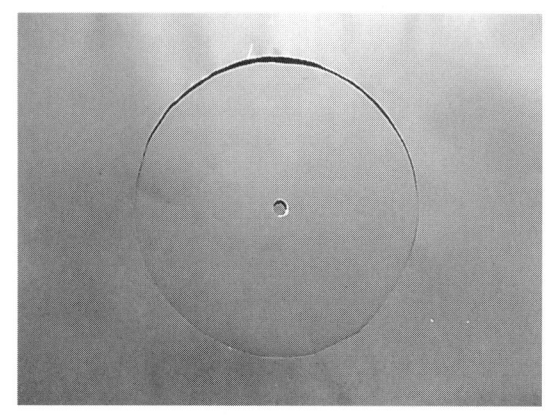

〈紙しばい15〉

〈紙しばい15の台本〉

実際の，産まれる道を通ってがんばっているときの赤ちゃんの心臓の音を聞いてみますね。

みんなは忘れちゃっているかもしれないけれど，みんなが産道を通るときの心臓のドキドキは，こんなに力強く聞こえたのかもしれないね。
(BGM：胎児心音を流す)

じゃあ，みんなは産まれるとき，産道を通るとき
なにが見えていたんだろうね。

きっとこんなに真っ暗だったと思うよ。
生まれるときの気持ちは，どんなふうだったかな？
暗いよ。

せまいよ。
いろんな音が聞こえるよ。
なにも見えないよ。
早く会いたいよ。
出口はどこ？
あれ？
あれはなんだろう。

そしたら，ピカッ。
（裏からLEDライトで照らす）
まぶしいぞって，
なにか出口の光が見えたかもしれないね。
こんな感じかな。

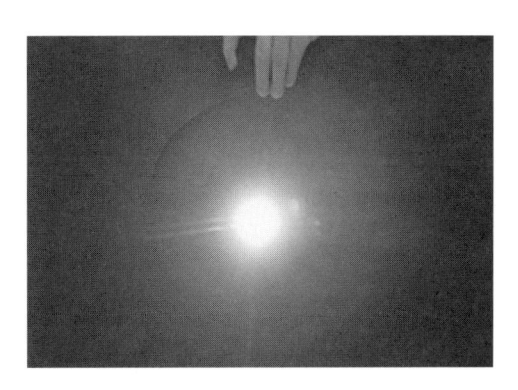

あ，あれ，
誰だ？
と思ったら，
あ！　急にぼんやり明るくなったぞ！
（中の黒い画用紙を引き抜く）
ぼんやりなにかが見えるぞ。
出た瞬間
こんな感じかもしれないね！
最初の感動の泣き声は，こんなでした。
（BGM：出産直後の新生児の泣き声）

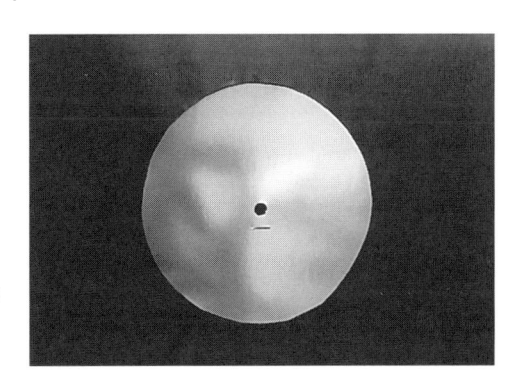

○紙しばい15（産道のイメージ場面）の作り方○

工作用の黒い画用紙を用意します。

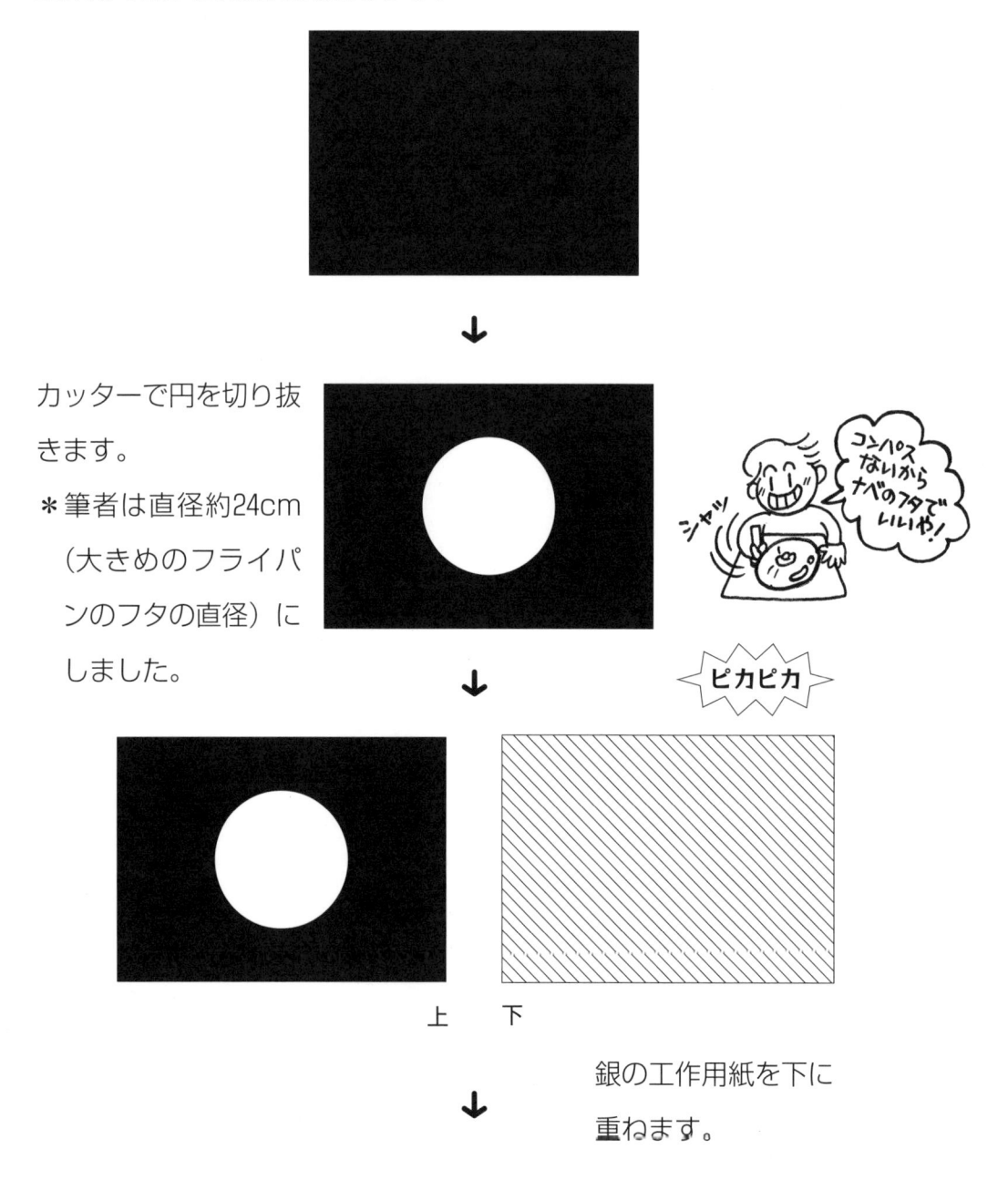

↓

カッターで円を切り抜きます。

＊筆者は直径約24cm（大きめのフライパンのフタの直径）にしました。

↓

上　下

↓

銀の工作用紙を下に重ねます。

厚手の銀の工作用紙（事務用品店，大型文具店で売っているもの）を裏側に重ねて，向かって左・上・下の三方をテープでとめます。
写真（次ページ）のようになります。

紙しばい

ピカ!

↓

テープでとめてある

テープでとめてある

すき間に別の黒い画用紙を挿入します。

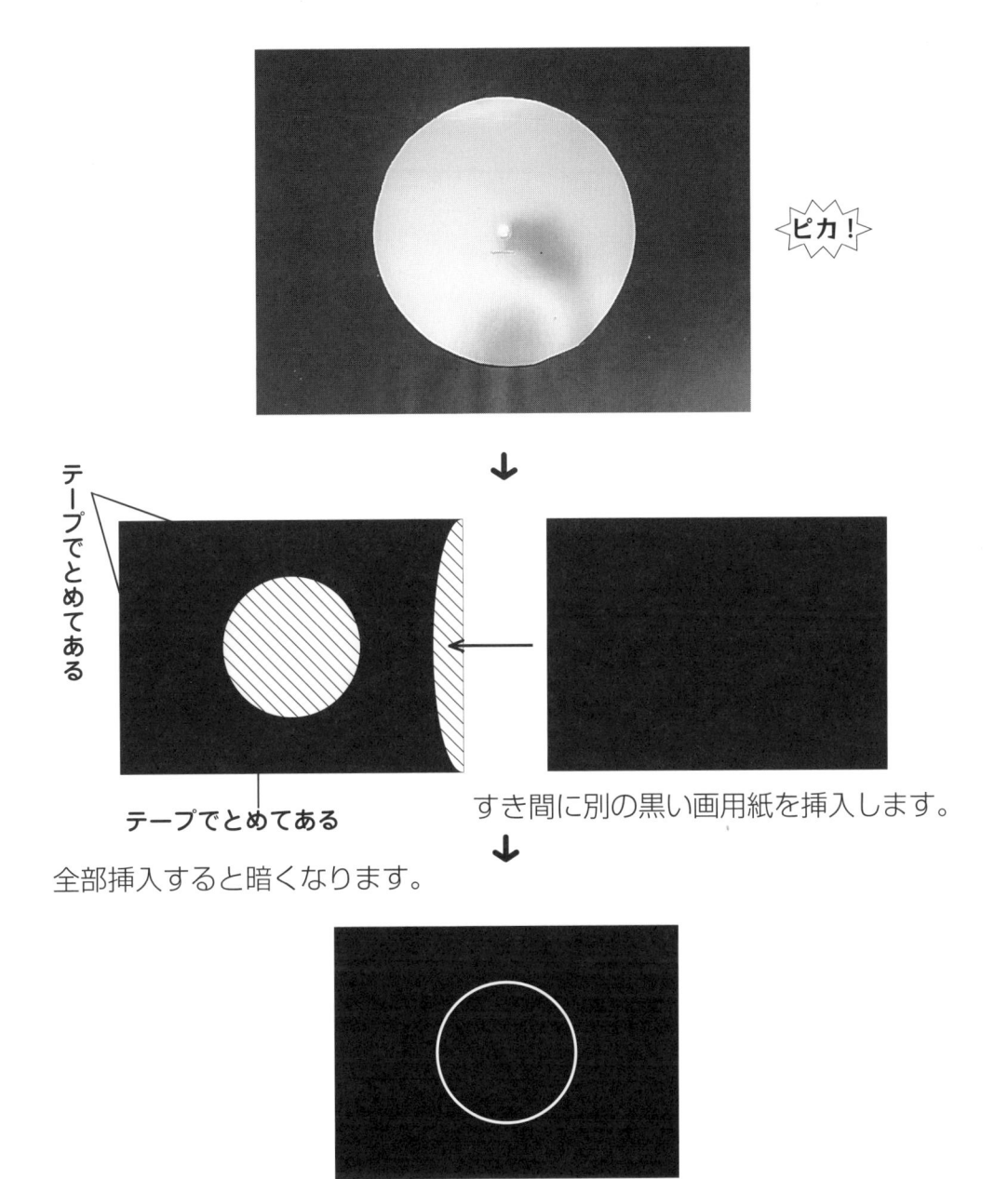

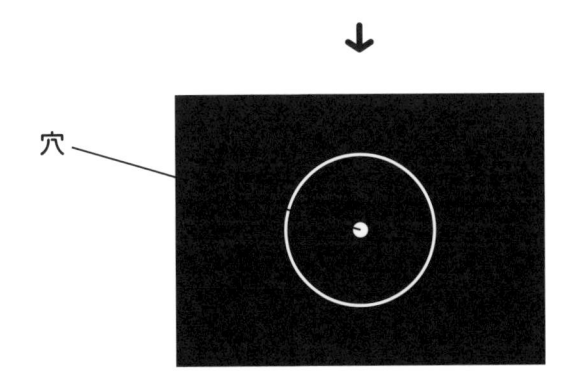

↓

全部挿入すると暗くなります。

↓

↓

穴

円の中心に○穴を切り抜きます。
＊筆者は直径約1cmにしました。

裏返しても

このように穴があきます。

その穴にかぶせるように，ふたのような役目を果たす黒色の画用紙をつけておきます。

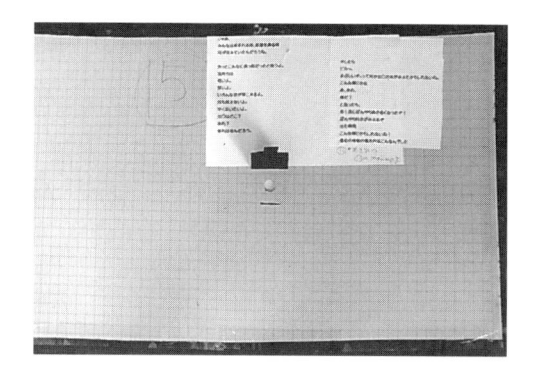

めくりやすいように持ち手をつける

↓

裏のふたを閉じると，真っ黒です。

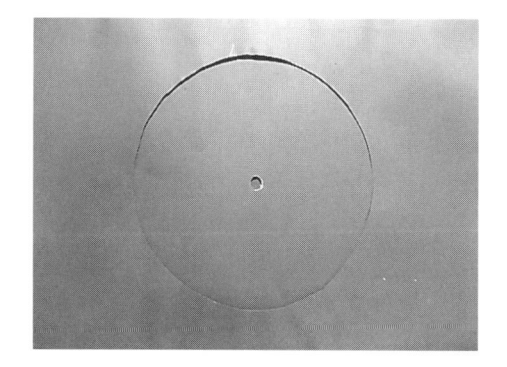

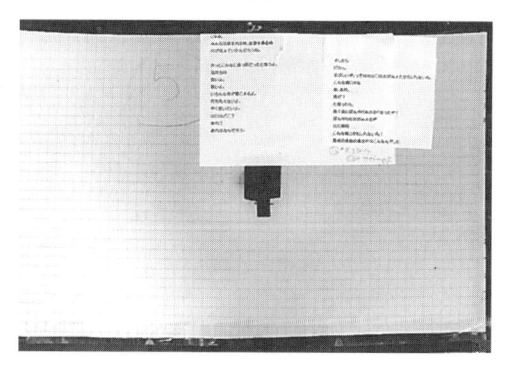

表　　　　　　　　　　　　裏

進め方

裏のふたを閉じたまま胎児心音（産まれる直前の赤ちゃんの心臓の音）をBGMに流します。（見ている子どもたちは，真っ黒なながめを見ている）

↓

生まれてくる赤ちゃんが感じたり，聞こえている音はこうかもしれないと，

セリフをいい，
今度はなにが見えていただろうと，話します。
↓

外に出ようとしたとき，まぶしい一筋の光が射したということを話します。
(p.67参照)
↓

イメージさせるために，裏側のふたをめくり，小さな穴からライトを照らします。

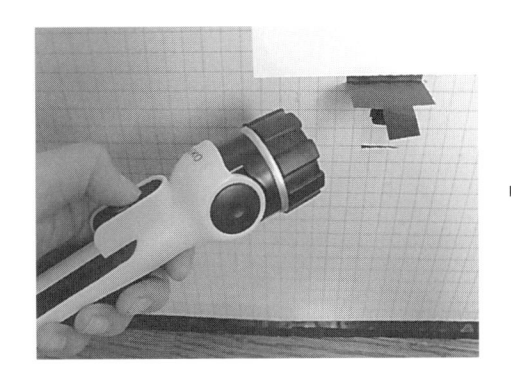

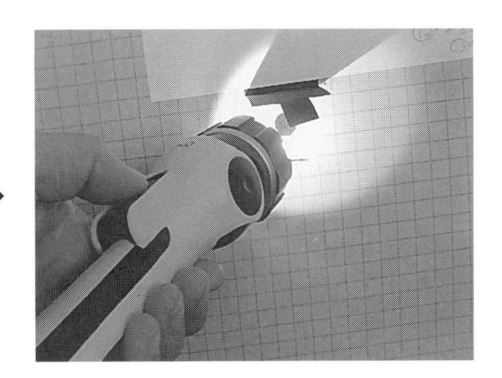

見ている人たちはまぶしい。

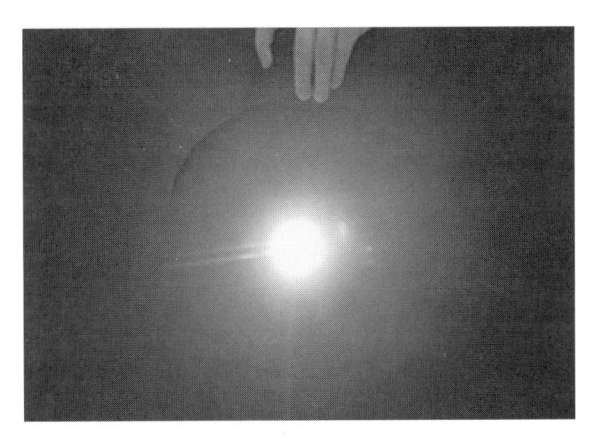

↓

筆者がこのとき使用したのは，LEDライトの懐中電灯です。大変まぶしいです。
瞳孔（どうこう）反射を見るペンライトや普通の豆電球の懐中電灯でも代用できますが，一番好評だったのはLEDライトでした。

> **コツ** 直視すると，光が強すぎるので，照らすとき，一方向だけではなく，紙しばいの角度を変えたり，ライトの光の方向を変えるなどして，特定の子にまぶしすぎないように，必ず配慮します。

↓

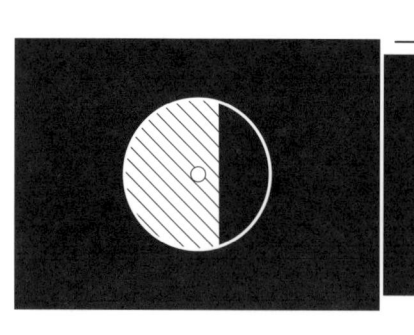

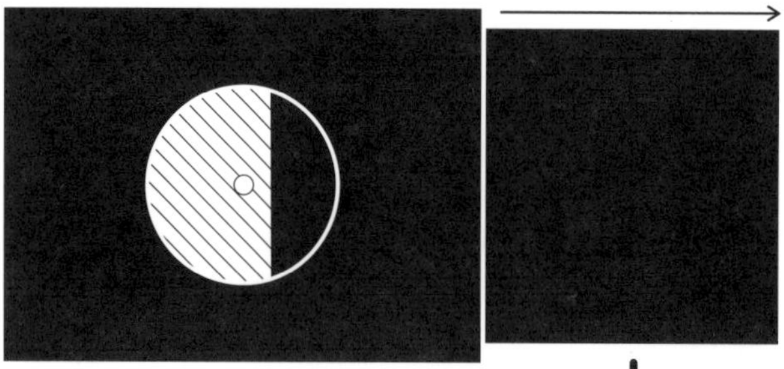

次にセリフをいいながら，中の黒い画用紙を引き抜いていきます。

↓

中の黒い画用紙を完全に引き抜くと右の写真になります。

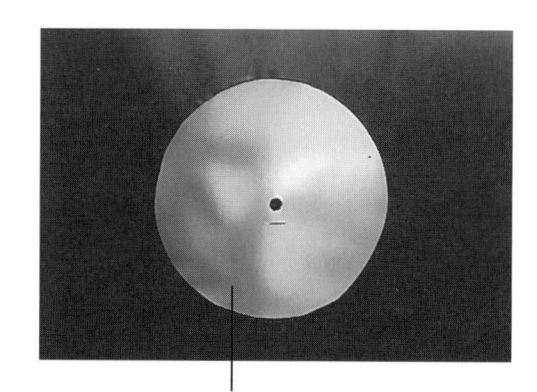

ぼんやり，
会場のみんなの顔が映るなどして
ぼんやりした視界の
産まれ立ての赤ちゃんに
見えたものは，こんな感じかもねと想像させます。

ぼんやり，会場のみんなの顔が映る

↓

そして，産まれた瞬間というそのときに，タイミングよく産まれた直後の新生児の泣き声を，BGMとして流します。（オギャア，オギャアという声）

アドバイス
○㉕は「セリフを言う」「ライトで照らす」「中の紙を引き抜く」「BGMを流す」――というタイミングがスムーズにいくことが大事です。
○練習を十分しておきましょう。1人でむずかしいときは，スタッフに頼み，役割分担するとよいでしょう。

㉖ 紙しばい16
―多くの大人が喜んだ―

〈紙しばい16〉

〈紙しばい16の台本〉

(BGM：新生児の泣き声)

はい、産まれました。

産まれてよかったね！　この日が赤ちゃんが産まれた記念日、

赤ちゃんの誕生日になりました。

この赤ちゃんは、去年のお盆の頃にお母さんのいのちの部屋で針の先の点くらいだったのが、

今、5月になって、こんなに大きくなって、産まれたのです。

(ここでBGM変える。オルゴール調の曲などを流す→ポイント1)

みんなが7年前、6年前、5年前、(→ポイント2)

おばさんみたいな年なら40年前になるけど、

産まれたときに、こんなふうにみんなで産まれたことを喜び合った、

産まれた記念日、誕生日があったのです。

みんな、喜びました。

産まれた記念日はここにいる誰にでもあります。

お母さんにも(「お父さんにも」「先生にも」と、参加者に合わせ追加して

もよい），おばあちゃんにも。

30年前，40年前，50年前（→ポイント3）に産まれた記念日，誕生日が決まりました。

赤ちゃん，生まれてきてくれてありがとう！　記念日です。

みんな喜びました。

ポイント1
- 新生児の泣き声のBGMが流れているが，早々にオルゴールのBGMに変えるとよいです。＊オルゴールの選曲は，進行役のセンスが重要です。
- 子どもたちが聞きなれているもの，若いママ世代が聞いている歌謡曲などをカバーアレンジしたオルゴール曲やピアノ曲が売られています。
  思い出にふけったり，感動を増幅させる効果音は重要です。
- 筆者は，ベストCDを，1つ作りました。
  安室奈美恵さんの「Can You Celebrate?」，尾崎豊さんの「I love you」他，「キセキ」「愛のうた」，ジブリ映画の曲などのオルゴール曲を組み合わせてBGMで流すようにしています。
- また，参加保護者の世代によっては，坂本九さんの「見上げてごらん夜の星を」のオルゴール，ピアノ曲集もよいでしょう。筆者は，参加者の好みもさまざまなので，特定の歌手の曲に固執しないように組み合わせています。

ポイント2
- 参加している子どもたちの年齢を考慮します。5歳，6歳，7歳など。

ポイント3
- 参加者に親もいる場合は，ママ自身（男性がいれば，「パパ自身」）も自分が産まれたとき，どんなに自分の母親や周りの大人が喜んだかを，実感してもらいたいので，セリフに反映させるようにしています。
- 例えば，30代の方がいれば，「30年前に生まれた記念日があった」，50代の方がいれば「50年前」というセリフを入れるという具合です。
- 依頼者側の教員や手伝いの人の中に50代の方がいるときもあります。リサーチしておき，ピンポイントで「53年前」などとアドリブでいうこともあります。

紙しばい

㉗ 実際の証拠写真

※㉗の間はずっとオルゴールの BGM を流しておきます。

〈証拠写真の台本〉

ここでね。
みんなが産まれたとき，その瞬間，
どれだけ大人のみんなが喜んだか
という本当の証拠写真を見せます。

これがそう。
これは産んだお母さんだよ。
直後だよ。
みんなが産まれたことを泣いて喜んでいます。
そして，お母さんだけではないよ。
ほら。お父さんかな？　親戚(しんせき)のおじさんかな。
男の人も喜んでいるよ。
そして，
ほら，これはこの産まれた赤ちゃんのお兄ちゃん。
まだ産まれたての赤ちゃんは透明な病院のかごに入っているけど，
お兄ちゃんが，不思議そうに，
でも嬉しくてじーっと見ているのです。

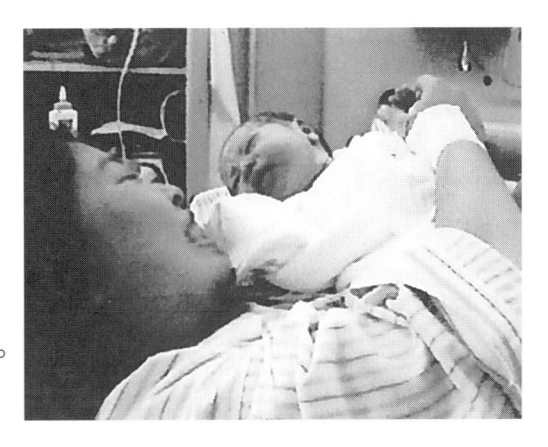

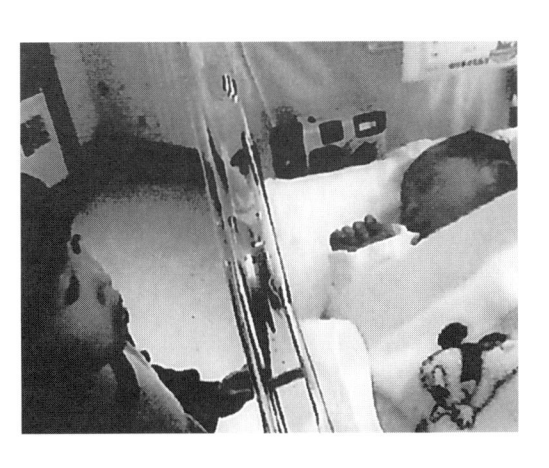

みんな。
親戚(しんせき)やお母さんやお父さんだけが喜ぶわけではないよ。
みんなが産まれたとき，ぜんぜん他人なのに，みんなが産まれたそのことを嬉しくて嬉しくてたまらない大人は，もっといたのだよ。

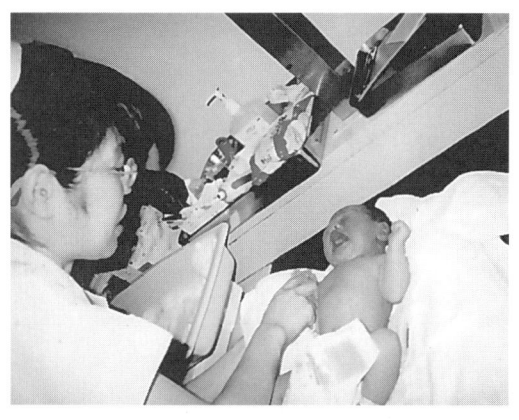

ほら，これは助産師さん。
みんなが産まれたのが嬉しくて嬉しくて大喜びしてくれたよ。
みんな覚えているかい。
助産師さんや看護師さんだけではないよ。

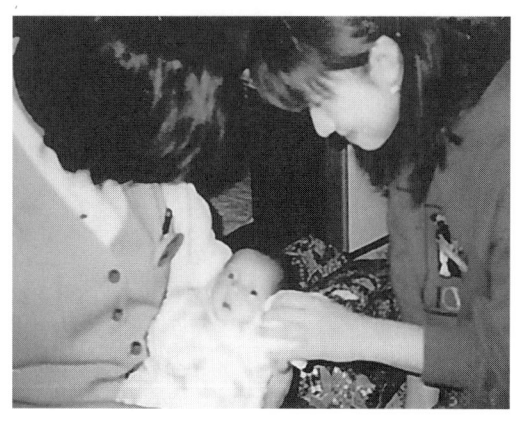

これは，親戚でもなんでもない，保健師さんっていう仕事の人。
みんなが産まれて少し経ったら，みんなが産まれたのが嬉しくて，元気かなと，赤ちゃんの家にまで来てくれた人たちだよ。

さ，みんな，自分（赤ちゃん）が産まれたとき，
他人でも，よその人でもたくさんの人が，
すごく喜んでくれたっていう証拠写真見たよね。

赤ちゃんって，不思議な力があるの。
なぜか大人に「この子が産まれてよかった」「産まれてくれてありがとう」って思わせてしまう力があるの。

産まれたての赤ちゃん自身は覚えていなくても，これは本当のことなの。
めでたい！　って思わずにはいられない力を持って産まれてきたんです。
もう1枚見せるね。

これは，あるニュースの写真。（震災時，がれきの下から赤ちゃんを助けた自衛隊の方の写真を紹介しました）
この人，この赤ちゃんのお父さんでも近所のおじさんでもないよ。
病院のお仕事の人でもないよ。
自衛隊っていうお仕事の人。
この人が，壊れた家の下で元気に泣いている赤ちゃんを発見しました。
このおじさんが助けたの。
「産まれてくれてありがとう」ってこの人，思って，
思わずたくさんだっこして涙が出たそうです。
この赤ちゃんはみんなのように大きくなっても，
このときだっこされたこともきっと覚えていないし，
こんなよそのおじさんが自分を助けて大喜びしたことも覚えていないと思うんだよね。

でも，こうやって，小さい赤ちゃんが産まれたことを，
たくさんの大人が大喜びしました。

> **ポイント**
> ○実際の証拠写真は迫力があります。
> 　ここで紹介した写真は，筆者のものです。
> ○ポイント（コツ）としては，ママが喜ぶのは当然なので，次に，
>
> 　　　　　　**父親（男性）が喜ぶ写真を用意**
> 　　　　　　　　↓ 次に

> お兄ちゃんが喜ぶ写真
> ↓
> 〔身内だけではないということを強調して，話を広げていく。〕
> ↓
> 助産師さんの写真
> ↓
> 保健師さんの写真
>
> と，他人や大人の身内でない人たちも誕生を喜んだ，と強調します。

○2011年3月の震災後の講座で，筆者は，講座開催地の地域性と時期を考慮し，自衛隊の方が赤ちゃんを助けたというニュース写真も紹介しました。
　このときのセリフが，前ページの〈証拠写真の台本〉の最後の方にある内容です。

○そのときの赤ちゃんは，おそらくこのおじさんを覚えていないでしょうが，こんなに周りの人たちはみんな（赤ちゃん）の誕生を助けたり，喜んだりしたということを強調しました。
　このときは，震災後でもあったので，会場に来ていたママで涙が出たという人もいました。

○ニュースの写真なので，本書に掲載できませんが，セリフはその時期や対象者によっても臨機応変にアドリブをきかしていくことが必要です。

○また，実際の写真は迫力がありますが，許可をとるのが難しいため講師やスタッフ自身のものを使うことが望ましいです。
　講師以外の方の写真を使う場合，許可をとることが重要です。

㉘ 最後にもう一度いのちの大事さを伝えたい

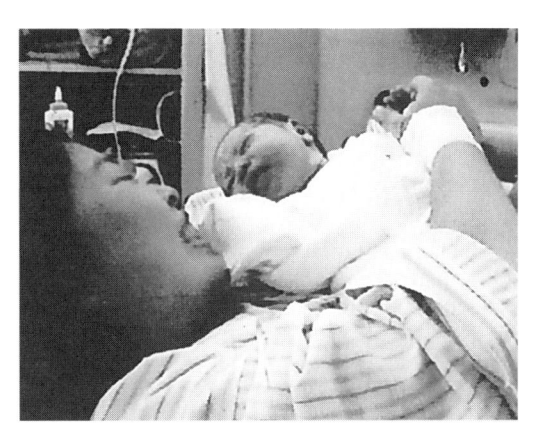

〈紙しばい16〉

（最後に，上の2つ（紙しばい16と㉗で紹介した写真）をホワイトボード上に並べて貼り，会場の人に伝える。BGMをかけておくとよい。参考風景，p.96）

子どもたちの顔をみて，手ぶり身ぶりをそえながら話しましょう

〈台本例〉

みんなに大事なことをいいます。

みんなはこれから，大きくなって，

例えば大人になって大きな学校に行くとか，

おうちやお仕事のつごうで，

いつかは今横にいるお母さんや，

強力いのちのもとを作ってくれたお父さんと

離れてくらすとか，淋(さび)しく思うことが

あるかもしれません。

おばさん（進行役（筆者）のこと）も，

私を産んだお母さんはもう死んじゃっていません。

私といういのちのもとを作るのに協力してくれた

お父さんは，もうおじいさんくらいのとしですが，

遠くにいるので，淋しいなと思うことがあります。
そして，もうひとつは，
みんなはこれから，とってもつらいこと，
死にたいほど嫌なこと，苦しいことが
きっと出てくると思います。
おばさんみたいな大人になっても，
死にたいくらいつらいよーって
いうことがあります。
みんなも，今いったように，
つらいことがあったり，死にたくなるほど
嫌な出来事が出てくるかもしれませんが，
今話したことのまとめとして，
ひとつだけ覚えていてほしいことがあります。
みんながここにいます。
産まれた記念日があって，産まれて生きているから
ここに今日こられたんだよね。
産まれたときその瞬間，
「みんな」といういのちが産まれたことを
大喜びしてくれたお母さん，お父さん，
たくさんの大人の人たちがいたこと──
それを覚えていてください。
そして，今ここにいるみんなのそばにいる大好きな人，
おうちに帰ったらいてくれるみんなの大好きな人は，
みんなという「いのち」が産まれて，
こんなに大きく育ってくれて本当に嬉しい！
がんばって育てていくぞ！　と心から思っています。
だからいのちを大事にしてください。

> **ポイント**
> ○ BGMを流しながら2枚を並べて，進行役の伝えたいことを話します。
> 　気迫の最後です。
> ○ここの箇所は，今後どんなにつらいことがあっても，自分からいのちを絶たない，自殺しないでいてほしい，ということを切に訴えています。
> 　自殺なんかはしようと思えば，どこでもできてしまう世の中ですから，そのとき，その一瞬，その命を絶とうとしてしまう，その一歩を止めるものは，もう自分のこころの中にしかないと筆者は考えます。

自らいのちを絶ちたいと思ったときの，その一歩を止めるのは何か。
そのひとつに今回の講座がなればよい，と筆者は思って伝えるわけです。

したがって，ここの箇所は講話をする人の思いを伝える所なので，進行する人が自分で台本を作り，自分なりの思いを述べることが一番大事です。

本書でセリフを紹介していますが，しょせん筆者の言葉ですので，実際は講話をする人が，自分なりに自分の伝えたいこと，子どもたちや大人へのメッセージがなくては参加者に気迫は伝わりません。また，紙しばい後半で，子どもたちもあきてきたり，疲れも出てきているので，紙しばいの裏のセリフの棒読みは避け，参加者の大人や子どもの顔を見渡しながらしっかり語りかけましょう。

事前にセリフを何度も練習して，スラスラ言葉が出るようにしておくことが望ましいのですが，仮に，少々シャベリが下手でも，講話をする人の思いがこもってさえいれば，気持ちや気迫は伝わります。
大丈夫，大丈夫！

㉙ 11～12週の胎児マスコットづくり

ねらい

・手のひらにのるくらいの小さな胎児マスコットに，予想外の重さを感じてもらうことがねらいです。

ポイント

○料理スケールをグループに数台用意しておき，エココーティングしたおもりを数個のせて，28～32gくらいの間で微調整しながら，型におもりをつめていきます。
○ここで意図しているのは，「重いねー」と，子どもが考えながら，おもりをのせて工夫してやっていくことです。
○そして，ママ（パパや大人）が軽いね，重いねなどと応えて子どもと会話のやりとりをすることに意義があります。
○目や口を付けるとき，変な表情にもなります。
しかし，フォローの声かけとしては，「みんなも産まれ方や顔や性格が一人ひとり違うように，胎児ちゃんもひとつも同じものはなく，変な顔に見えたとしても，この胎児ちゃんなりに個性的で，誰とも同じではないよ。すごくいい表情だよ。すごくいいよ！（かわいいよ！　とか，むずかしい顔で，何か考えているみたい！　とか，すてきな顔だ！）」と，必ずほめましょう。

○胎児マスコットづくりのときの準備○

テーブルに用意しておくもの

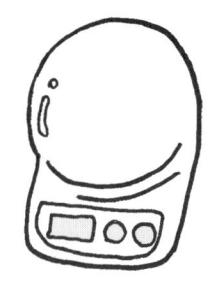

□料理スケール

□胎児ちゃんの目・口に相当する赤や黒いフェルトを切ったもの

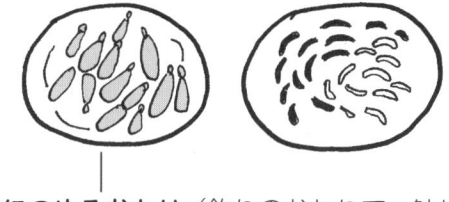

□中につめるおもり（釣りのおもりで，触れてもよいように特別加工してあるエコシンカータイプを使う）
（4号×2個）×人数分＋1号〜5号数個余分
胎児マスコット1体分

→軽いものを多くつめたり，重いものをつめたりして，軽すぎるね，重いねと考えながら（話しながら）つめる作業過程も意味があるので，必ずしもぴったりの個数ではなく，余分に多く用意しておきます。

□**説明書き**（胎児マスコットの作り方・注意，p.85〜87のもの。できればp.85〜87を1枚につなげ，流れが一目で見られるようにするとよい。参加者は手がふさがるので，説明書をめくるなどの手間はできるだけ省く）

□**おもりをつめるだけにした型**（作り方は，p.84）

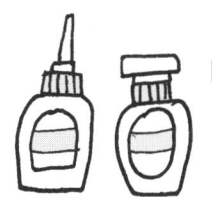

□**接着剤**（おもりを入れた後の口をふさぐ）

□**ペン**（ほっぺたをほんのり塗るピンクやオレンジのペンを多く入れる）

□**ティッシュ，おしぼりなどの手ふき**

□大人がついており，スタッフの数が多く，目がとどくのであれば，**刺繍糸**（肌色やうすいオレンジ，ピンク，白）と**針**を用意しておいてもよい。おもりを入れる口をボンドでつけるより，ちゃんと縫い合わせたい親もいます。

○おもりをつめるだけにした胎児マスコットの型の作り方○

① 型見本（実物大）

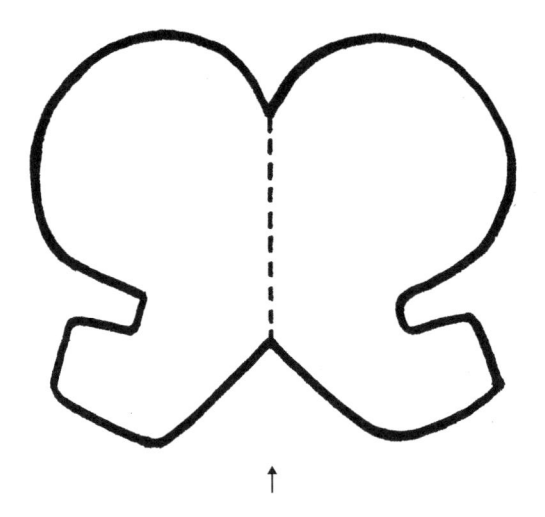

この型紙を切って，フェルトに合わせて切ってもよい。

② 肌色（サーモンピンクでもよい）のフェルトを①の型を見本に切ります。切ったものを折ります。

（フェルトは100円ショップで売っていることもある。手芸店で売っているものより布はうすいが安価な場合が多い）

③ ②を縫います。おもりを入れるところは，縫わないように注意します。

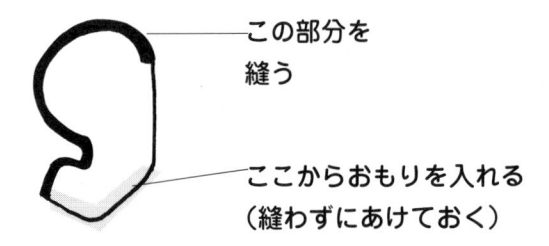

この部分を縫う

ここからおもりを入れる（縫わずにあけておく）

④ ふちの縫い方はブランケットステッチという縫い方がよいでしょう。
自分が縫いやすい間隔（2～5㎜くらい）で針を刺していきますが，この間隔がそろうように縫うときれいに見えます。

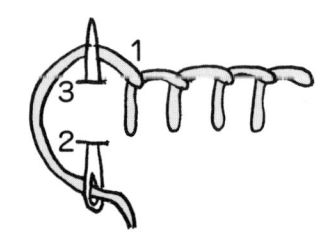

1から針を出します。2に針を刺し，針先を3から出したところで，出ている針先の後ろに糸をかけ，針を引きます。この作業を繰り返します。

世界にたったひとつ自分だけの
胎児ちゃんマスコットを作ろう

★おかあさんのおなかの中に「いのちのもと」として入ってから11週間くらいたった胎児（赤ちゃん）です。「なんカ月」でいうと，3カ月の終わりから4カ月のはじめくらいです。

★体重は約30ｇ。

★身長は8～9ｃｍくらいです。

★頭からおしりまでは4～5ｃｍくらいです。

★人間らしい顔つきになっています。
★心臓も脳も肝臓も手も足もできてきています。

★目も鼻も，くちびるも耳もあります。

★今日は，いっしょに来てくれたおうちの人と**おはなししながら**，11週くらいの胎児ちゃんの**大きさと重さを感じて**みましょうね。

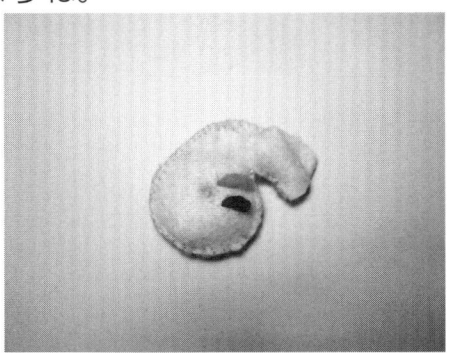

【ひとこと】
　マスコットでは，だいたいの大きさと重さを感じるのが目的なので，細かい部分は省略して作ります。

手順

① 型を用意します。

★おもりが入れられるように入り口が少しあいています。

② （型も含めて）重さが約30gくらいになるように，重さをはかりながら，おもりをうまくつめてみましょう。

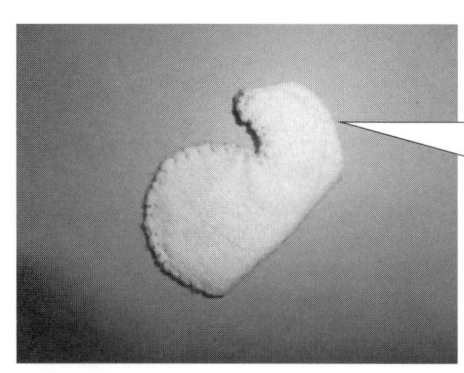

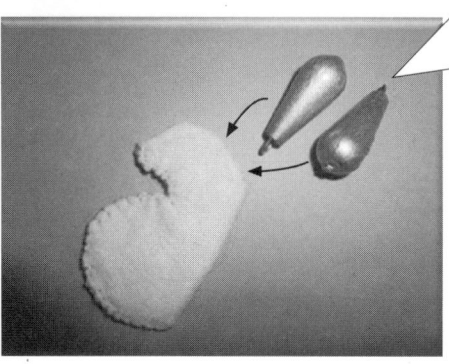

★おもりと型をはかりにのせて，はかってからつめてもよいし，つめてからはかってもよいです。
★小さいおもりを工夫して組み合わせて何個もつめてみてもよいですよ！　いろいろな組み合わせがあるかもしれません。

【おうちの人へ】
30gって，1円玉だと30枚分の重さです。でもこんなに小さな体に1円玉30枚も入りません。身の回りにあるもので，小さくて重そうに見える「粘土」「ビー玉」「小石」「砂」を詰めても，おもりには軽すぎるのです。そこで，できるだけ小さくて，でも凄く重い物質，というのをみつけました。魚釣りに使うおもり「エコシンカー」（フジワラ㈱）を今日は使っています。

【おうちの人へ】
魚釣りに使うおもりの材料は鉛が主なので，人体には有害です。魚釣りに大人が使うには構いませんが，今日は，鉛をフルコーティングしてあり，鉛に直接触れない特別な物を用意してあります。

他
・小さなお子様の誤嚥・誤飲にご注意ください。
・触った後は手をあらいましょう。

③　入り口を接着剤でとめます。

★きれいに口を閉じたい人は，おうちに帰って自分で糸で縫うなどして閉じてもかまいません。

☆アレンジ☆
おもりの「カギ」の部分をちょっとだけ出しておくと，あとからひもや糸を通すこともできます。

④　接着剤で目や口をつけたり，ほっぺたをほんのりペンで塗ってできあがりです。
　　(刺繍(ししゅう)やフェルトで目鼻をつけたい人はおうちに持って帰って工夫してみてくださいね♪)

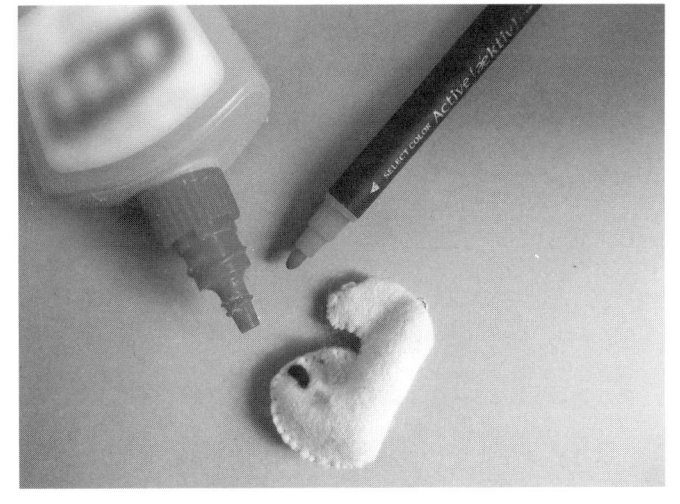

★みんな顔がちがうように，胎児ちゃんも，おんなじものはひとつもないよ。
　にっこりした顔，むすっとした顔，おもしろい顔，いろんな表情ができたね。
　自分がおなかにいたときは，どんな顔していたのかな。

㉚ 「生まれてよかった♡講座」アンケート紹介

「生まれてよかった♡講座」の参加者には，終わったらアンケートに答えていただきます。アンケートは次のような簡単なものです。

生まれてよかった♡講座アンケート
感想をおきかせいただければうれしいです。
今後の参考にしたいと思います。（無記名可。お子さまの感想もうれしいです）

参加していかがでしたか？

photo by Chieko

※1　アンケート用紙を印刷した後，「みえるかな？」の矢印の先に，針の先で点（穴）をつけておくとよいです。（p.53参照）
※2　講話を実施する地域の参加者にちなんだ写真をはめこむと，より親しめます。例えば市の花，県の鳥，名所などです。

筆者がうれしかったのは，下に紹介しているように，たどたどしいひらがなで
「あかちゃんが　すっごく　おもかったです　すっごく　おもかったのは　いちばん　ちいさい　あかちゃんでした。」
という感想をいただいたことです。

　実際には会場に新生児そっくりの人形（3kg前後）や，320gくらいの赤ちゃんのマスコット人形があったので，子どもが重く感じるのは当然，新生児の3kg人形をだっこしたときであろうと思っていました。しかし，このお子さんが，すごく重く感じたのは，手のひらにのるくらいの30gの胎児のマスコット（手づくりのもの）であったと，感想を書いてくれているのです。

　一番小さい30gの胎児のマスコットがすっごく重かったと，いのちの重さをすなおに感じてくれているのです。このような感想を見ると，筆者はそれだけで苦労が吹き飛び，また，講座を手伝ってくれる友人たちも，喜んでくれるのです。

（あかちゃんが　すっごく　おもかったです
すっごく　おもかったのは　いちばん
ちいさい　あかちゃんでした。）

〈実際にあったアンケートの感想（ほんの一部の紹介です）〉

「本当にたのしいお話でした。うまれてきてくれた日のことを思い出すと涙がでてきそうでした。ふだん怒ってばかりだけど，大切に大切に育てていきたいとあらためて思いました。」

「子供よりは，母親の方が，"うまれてきてくれてありがとう"という気持ちを思い返す事ができた講座でした。この講座をキッカケにして，いつまでも赤ちゃんの頃の話をしてあげられたらなと思います。」

「三人も産みながら改めて新鮮な気持ちでした！　子どもたちとまた家でたくさん話をしたいと思います。どんどんこんな機会があれば命を大切にする輪が広がると思います。ありがとうございました。」

「きょうきてたのしかったです。うまれてよかったです。あかちゃんがおもかったです。」

「私は，初めて，赤ちゃんをだっこしました。とても重かったです。そして，何よりも，ままがくろうして，うんでくれたんだなぁと感動しました。ありがとうございました。」（参加児童のお姉ちゃん，小5の感想）

「私にとっても貴重な体験となりました。自分が皆に望まれて生まれてきた幸せを，折々に感じていてほしいなと思いました。有難うございました。」

☆☆☆楽楽カンタン術コーナー☆☆☆
―ラクチン打ち合わせ資料―

これ一冊でそのまま資料に使えます！
・依頼団体側との事前打ち合わせ
・お手伝いしてくれるスタッフとの打ち合わせ
・初めて講座をしたい人たちのためのたたき台
として便利！

㉛ アンケートや参加募集の際の注意

参加募集の宣伝ちらしやアンケートは，通常，主催者（依頼団体）側が作ってくれますが，「生まれてよかった♡講座」は主催者が内容をイメージできないことも多いため（特に初回），作成を依頼するときはお互いに内容を確認することが重要です。

留意点
◆参加者を募る際の事前の宣伝ちらしについて
　・当日会場に置かない展示物などを掲載しないように注意する。
　・講座が単にトンネルくぐり遊びや親子製作遊びの内容だと誤解されないよう，表現に注意する。
◆参加申し込み事前受付について
　・講座の途中から参加したいという人は基本的にご遠慮していただく。
　　申し込み者に納得していただく説明例：「途中からの参加ですと，産まれるまでの流れや導入がわからないまま体験や製作となってしまいます。そうすると，お子さん自体が混乱してしまいます。例えば，生まれたときママや大人がすごくがんばったという大変さが，お子さんに伝わらないまま遊びや楽しい出来事だけ行う浅い参加になりかねません。親御さんやお子さんのためにも今回は申し訳ありませんが途中からのご参加はお断りさせていただいております。」
　・早く帰りたい人は事務局と講師で連絡を取り合い調整する。
◆講座後のアンケート（参加者感想）のフィードバック
　・講座開催にあたり，準備等協力してくれた方々・スタッフ・関係者に参加者からの感想を伝える。
　・協力者のみなさん，依頼してくれた方々も「やってよかった」と感じてもらえるよう心がける。
　・改善点は次回に生かす。
◆依頼を受ける際の講師としての確認
　・依頼者団体が PTA で親子行事としての依頼であった場合は，園や学校（教育側）との了解は得られているか確認しておきましょう。
　　確認事項：①保育園・幼稚園の場合，宗教上の問題はないか。（例えば，園では「かみさまがみんなを運んできたよ」と教えているのに，講座での内容にギャップがあると子どもが混乱する）
　　　　　　②会場の確保
　　　　　　③小学校の場合，学校での性教育の流れと大幅なズレがないか。連動しているか。

㉜ 後日，参加者に写真とともに同封する文書

　後日，参加してくれた親や子どもに，プリントした写真を郵送するなどして渡します。

　筆者は，これを講座の一連の流れの締めとしています。

　そのため，参加者の連絡先（または郵送先）の確認は講座の受付時に重要となります。

　写真だけをただ渡すのではなく，講師の思いを一言文書として添えて渡すことが望ましいです。下はその見本です。

　一見，積極的に参加していなかったような子や，恥ずかしがりやさんの子も，子ども自身は，なにかを感じているものです。子どもはそれでよいのですが，案外，親のほうが，「うちの子は消極的だった」と気にする人がいます。下は，そのような子への声のかけ方の例ものせています。

　参加してくれた子どもたちが大きくなって，なにかつらいことがあったとき，幼いころ参加した「生まれてよかった♡講座」のスタッフ全員が，あなたが生まれたこと，あなたが「生まれてよかった♡講座」にきてくれたことを，喜んだのだと，お伝えしたい文書です。

「生まれてよかった♡講座」の写真に添える文書例

- ママね，あなたの小さいころ，こんなところに連れてきたのよ
- みんなの前で上手に手を挙げていたね。覚えている？
- あなた，このとき，とても恥ずかしがりやさんで，モジモジしていたのよ
- このとき，本物そっくりの赤ちゃんの人形を上手に抱っこしていたのよ
- このとき，紙芝居をちゃーんと座って，じっと見ていて，あなた，えらかったわ

「あなたが生まれてよかった！」とみんながおもいました
2011.5.21

（うまく写真を撮れなかった方，ごめんなさい）

掲 示 物

㉝ 掲示物 ―生まれたての赤ちゃん―

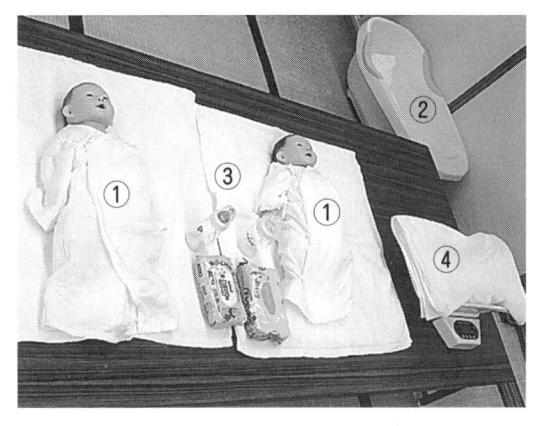

- 新生児人形（上の写真の①）
- もくよくセット（上の写真の②）
- おむつ，哺乳瓶（上の写真の③）
- 赤ちゃん体重計（ベビースケール）
  （上の写真の④）

を置いておき，スタッフを配置し，だっこをしたり，体重を計ってみるという体験コーナーを設けています。

新生児人形の近くに新生児の説明を掲示しておくとよいでしょう。

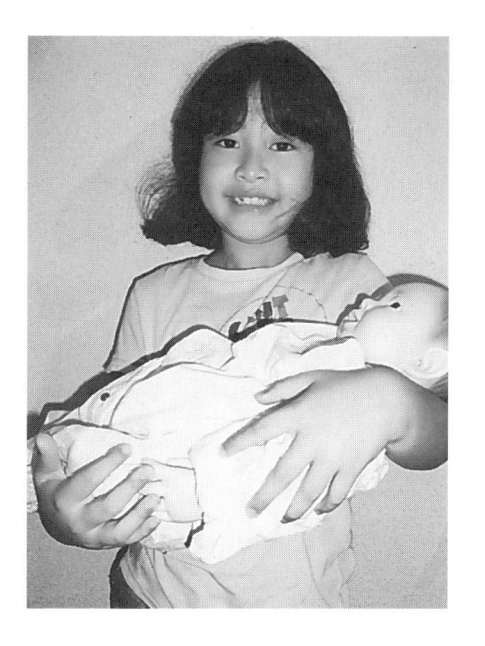

> **ヒント** 学校関係の方が行うときは，①④が現場にないことが多いです。
> 　そのような場合は，保健所・市町村保健センター・市町村の母子保健事業担当窓口・医療系の学校に相談すると，貸してくれることもあります。
> 　とくに，新生児人形は，購入するには高額です。（数万円以上する）

㉞ 掲示物 ―いのちの音を聞いてみよう―

　実際は，右の掲示物の下にラップの芯などを数本用意しておき，お互いの胸の音を聞いてみられるようにしています。（お家でもできますね）

　胸の音を聞いてもらうほうの人は，服のしわをのばして，筒の片側をぴったりつけるのがコツです。ステート（聴診器）を用いて，胸の音を聞き合うこともしています。そのときは，耳をいためないように，使い方やあて方をアドバイスするスタッフをつけておくようにしています。

> ママの心臓のトクントクンっていう音，聞こえるかな？　場所はみつけられるかな？

> わーっ！トクントクンっていってるヨ！

■ポイント
- 子どもたちで持ちよったラップの芯などの筒で，友だち同士で心臓の音を聞き合います。聴診器を用意しておいてもよいですが，かえって単純で原始的な「筒」の方が，子どもは喜ぶことが多いです。
- 心雑音のある子の雑音も聞こえるくらい，予想外によく聞こえることがあります。
- 「いのちの音」を聞いて，今度は手首の脈をお互いにさわってみてもよいです。こうして，いのちの音を「聞いたり」「感じたり」してみましょう。
- そして，お家に帰って，「お家の人やきょうだいのいのちの音を聞いたり，感じたりしてみよう」という課題に発展できます。

プラスα　「㉙の胎児ちゃんも，心臓がちゃんと動いています。きみたちが今感じたいのちのトクントクンは，お母さんのお腹（なか）にいたときから脈打っています」と，話してもよいでしょう。

さいごに

「生まれてよかった♡講座」の準備作業風景

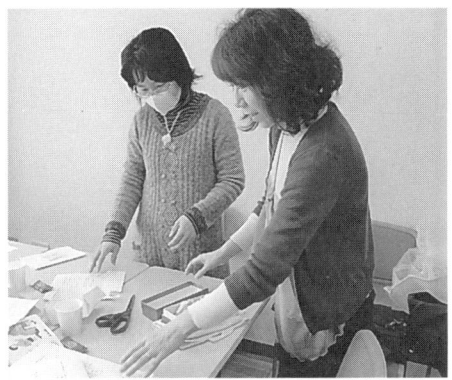

カードに入れる透かしハート作製中

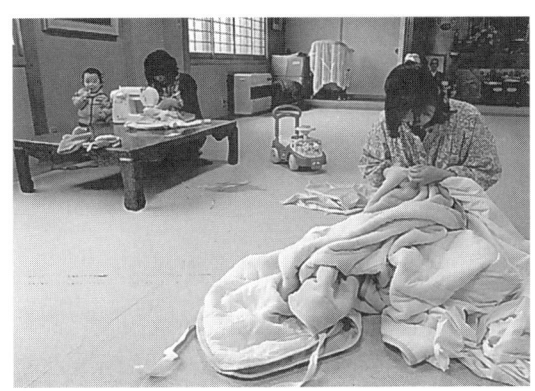

お寺を借りて産道体験トンネル作製中

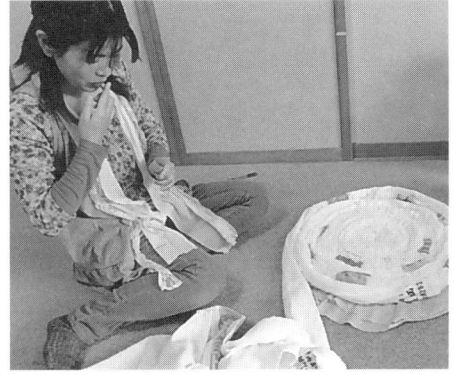

子ども〜大人まで入れる巨大子宮巾着作製中（参加者のアンケートを参考に試行錯誤・改善を重ねています）

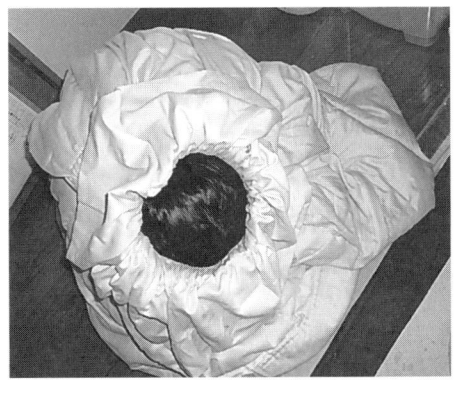

スタッフの子どもが入り娩出のイメージ

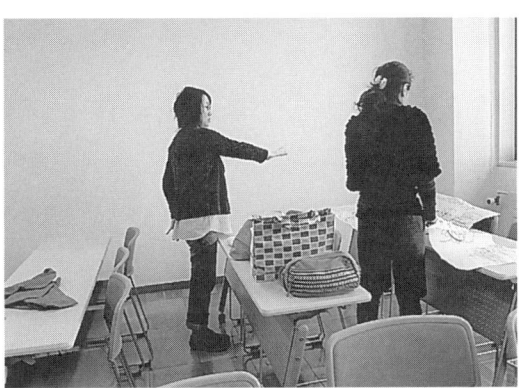

「生まれてよかった♡講座」風景

「こうやってがんばって
赤ちゃんは出てくるんだね」

みんなで透かしハートを見ているところ
「いのちの最初ってこんなに小さいんだねー」
「見えるかなー」

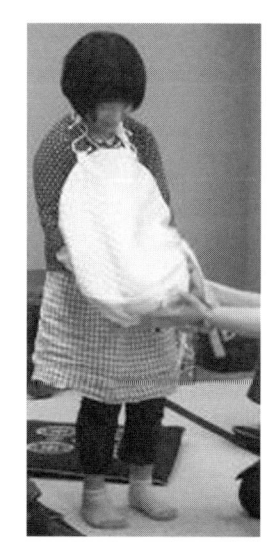

産まれるときの疑似体験の様子

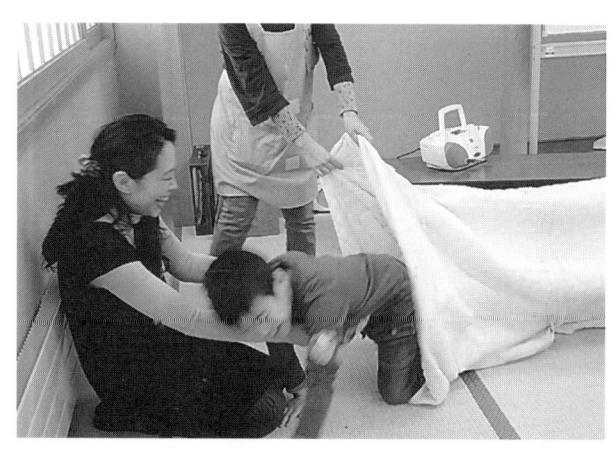

産道体験「産まれてくれてありがとう！」
「ママに会えてよかったー」

「生まれてよかった♡講座」をされる皆さんへ

　本書の内容は，通常，単発のテーマのものを4回，1クールくらいの時間（場合によってはそれ以上）をかけて行う内容を2時間程度の講座で行うようにまとめました。ですから内容がもりだくさんで，下準備が大変です。

　例えば，記念カードづくり（p.15）では，
・文章を印刷して切って貼る
・折り紙を折って挿入する
というような細かい作業があります。

　また，本書には紹介していませんが，プログラムの中には，赤ちゃんがお腹(なか)にいたときの重い感じを会場にいる子どもたちや，ママ・パパが体感したり，ママが産んだときのことを思い出して実感できるように肩掛けのひもがついた布のバッグを作製し，実際に首にかけてもらうこともしています。

　手づくり産道トンネルの途中には，特大浮き輪を通過するという難関を設け，くぐり抜け出てきた子を出口で親が抱きしめます。パパが抱きしめたこともありました。

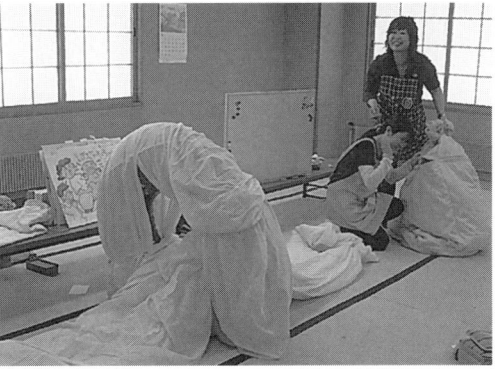

　小さな胎児マスコットづくりをするとき（p.82）は，事前に型を20～30個用意する必要があります。

これらは，主催者（依頼者）側の協力も必要ですが，初めて依頼してくる主催者団体にはイメージが伝わりにくいので打ち合わせの資料として，本書を活用すると効率的です。（p.90参照）ただし，最初はやはり講師側での準備は多くなるかもしれません。

　スタッフ，友人や先輩の手伝いが必要になります。
　作業の場所を提供してくれるようなお寺の友人や手芸の得意な友人，下準備や外回りを買って出てくれる仲間たちがいてこそ，この講座は前に進んでいけるのです。

　今回は，紙しばいやホワイトボードシアター，セリフを紹介しましたので，これらを，いのちの大事さを伝える授業で活用したり，掲示物として単発で掲示したり，製作したり，体験したりするなどして利用することも可能です。

　また，この本は，幼稚園年長から小学校低学年のお子さんが，いのちの大事さを感じられるような内容となっています。
　専門的な言葉を簡単に表わすことは大変むずかしいことです。
　そこで，トータルに医学的に大きく間違っていないか，というところでは私自身やはり医師にチェックをお願いしたく思いました。

　お忙しい中，医学的なチェックをしていただいた千石一雄教授に心より感謝申し上げます。

　この本をたたき台にして，多くの関係者が，自分なりの思いを込めて，いのちの大事さを子どもたちに伝えていかれることを願っています。

〔付録〕 1，2いずれも7.5×7.5㎝の正方形（小さいサイズ）などの紙で折ると，よりかわいくなります。

① 透かしハートの折り方

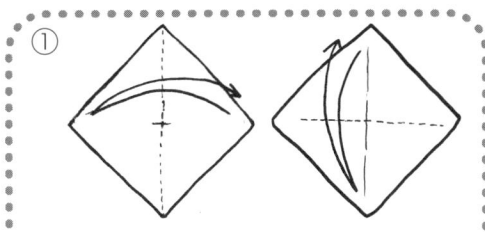

① タテ・ヨコ半分に折って，折り目をつけてもどします。

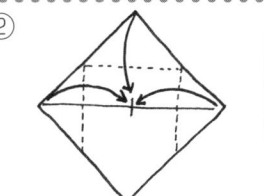

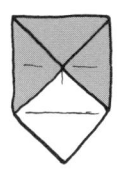

② 角を十字の折り目の真ん中に合わせて，三角に折ります。ひとつの角を残してすべてを同じように折ります。

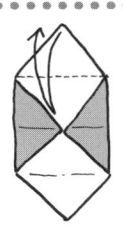

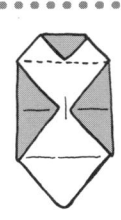

③ 上の三角を一度開き，折り目に角を合わせて折ります。折った部分を再び折り目に合わせてたたみます。

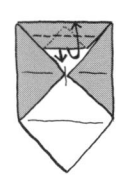

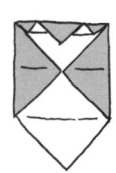

④ ③で折った部分をさらに半分に折り上げます。このとき，下側にある三角形を外に出しておきます。

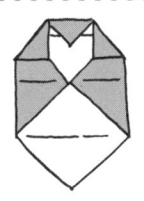

⑤ ④で折ったときに，左側にできる三角形のふちに合わせて角を内側に折ります。右の角も同様に折ります。

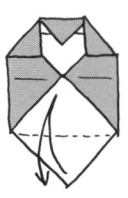

⑥ 開いていた角を中心の折り目に合わせて折り，また開いて折り目をつけます。

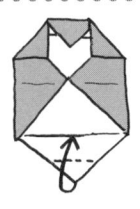

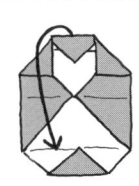

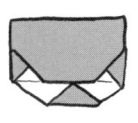

⑦ ⑥でつけた折り目に角を合わせて折ります。

⑧ ⑥でつけた折り目と一番上のふちを合わせて折ります。

⑨ 下側の左右のふちを、たたみ入れます。

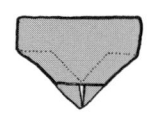

⑩ 下の角を⑧のふちに合わせて折ります。

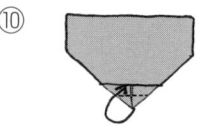

⑪ 下のふちを⑧のふちに合わせて折り上げ、ポケット状になっている部分に差し込みます。

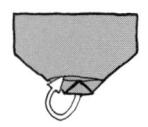

⑫ ライトや日の光に透かすと、ハート形が浮かんで見えます。

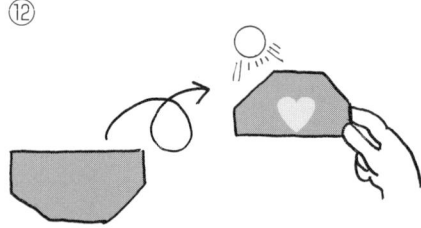

② かんたんピンクハートの折り方

① タテ・ヨコ半分に折って、折り目をつけてもどします。

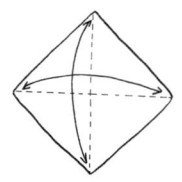

② 角を中心に合わせて、点線で折ります。

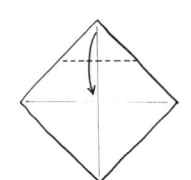

③ 下の角を上のふちに合わせて折ります。

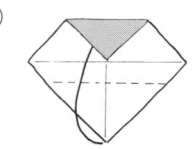

④ 点線で折ります。

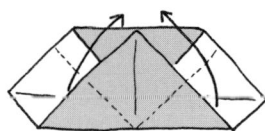

⑤ 点線で後ろに折ります。

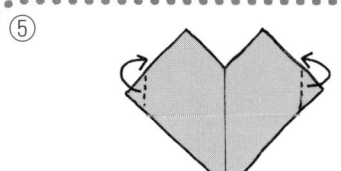

⑥ 点線で折ります。

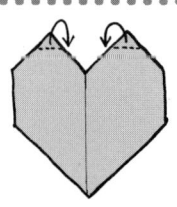

⑦ できあがり〜♪

〔講座会場に置く絵本の例〕

★会場に置く本は，保護者も参加するのであれば，大人が読んでも心に響くような絵本も置くとよいでしょう。子育てする大人自身が元気が出る本を置いてもよいでしょう。下記は一例です。講師として「読んでほしい」と思う本を選ぶとよいでしょう。

- 『おへそのひみつ』やぎゅうげんいちろう作，福音館書店
- 『おっぱいのひみつ』やぎゅうげんいちろう作，福音館書店
- 『かみさまからのおくりもの』ひぐちみちこ作，こぐま社
- 『みんなあかちゃんだった』鈴木まもる作，小峰書店
- 『だいじょうぶ だいじょうぶ』いとうひろし作・絵，講談社
- 『いのちってスゴイ！ 赤ちゃんの誕生』大葉ナナコ著，素朴社
- 『幼年版 赤ちゃんが生まれる』ニルス・タヴェルニエ作，中島さおり訳，杉本充弘監修，ブロンズ新社
- 『ちいさなあなたへ』アリスン・マギー文，ピーター・レイノルズ絵，なかがわちひろ訳，主婦の友社
- 『きいてみよう しんぞうの おと』ポール・シャワーズ作，ホリー・ケラー絵，ほそやりょうた訳，福音館書店
- 『あかちゃんがいるの！』津田真帆文・絵，大日本図書
- 『からだのなかで ドゥン ドゥン ドゥン』木坂涼文，あべ弘士絵，福音館書店
- 『ラヴ・ユー・フォーエバー』ロバート・マンチ作，乃木りか訳，梅田俊作絵，岩崎書店
- 『死神さんとアヒルさん』ヴォルフ・エァルブルッフ作・絵，三浦美紀子訳，草土文化（親御さんから高学年向けですが，いのちと死を考えさせられる深い絵本です）
- 『おまえうまそうだな』宮西達也作・絵，ポプラ社
- 『にじいろのしまうま』こやま峰子作，やなせたかし絵，金の星社

〈参考文献〉

- 佐世正勝・石井由利子編『ウェルネスからみた母性看護過程＋病態関連図』医学書院，2009。
- 高野陽他編『改訂7版　母子保健マニュアル』南山堂，2010。
- 岡村州編『これならわかる産科学　改訂2版』南山堂，2010。
- 金山尚裕編『イラストで学ぶ妊娠・分娩・産褥の生理』MCメディカ出版，2006。
- 医療情報科学研究所編『病気がみえる第10巻　産科　第2版』メディックメディア，2009。
- 日本性教育協会編『すぐに授業に使える性教育実践資料集　小学校版』小学館，2007。
- 全養サ書籍編集会編『からだといのちを感じる保健教材・教具集』農山漁村文化協会，2009。
- シェイラ・キッチンジャー文，レナート・ニルソン写真，松山栄吉訳『おなかの赤ちゃん Being1 Born』講談社，1986。
- 鈴木せい子編著『助産師が伝えるいのちの教育』MCメディカ出版，2008。
- 落合和徳他監修，ピーター・タラック著，三角和代訳『生命誕生』ランダムハウス講談社，2008。

〈皆様本当にありがとうございました〉

- 助産師：上林里美様，川越展美様，永瀬利江様
- 保健師：金森聖美様，川口由紀子様，北村久美子先生，佐藤佐智代様，澤田友佳子様
- 小児科Ns：餌取香織様
- 小学校教頭：大石剛先生
- 朝日絹代様，大澤礼子様，小野寺まゆみ様，千住秀明先生，鳥本順司様，鳥本利與子様，中村裕美様，藤田安樹子様，法生寺(ほっしょうじ)様，和田朋子様，渡部由紀殿

監修者
千石一雄
1979年旭川医科大学医学部卒業。
1985年ミシガン州立大学内分泌研究所に留学。
2005年より旭川医科大学医学部産婦人科学教室教授。
2007年より旭川医科大学学長補佐，教育センター長併任。
日本産婦人科学会専門医，日本超音波学会専門医・指導医，生殖医療専門医，周産期暫定指導医。日本産科婦人科学会代議員，日本生殖医学会理事，日本受精着床学会理事，日本母性衛生学会北海道支部長。

著者
青木智恵子（本名：鈴木智恵子）
北海道帯広柏葉高校・北海道大学医療技術短期大学看護学科・北海道立衛生学院保健婦科を卒業。後に保健センターの保健師，病棟の看護師，保健所の保健師を務める。2012年3月現在，市，町等の臨時保健師・北海道大学非常勤講師。児童虐待防止協会会員など。
主著 『みんなで考えた高齢者の楽しい摂食・嚥下リハビリ＆レク』（監修：藤島一郎）『みんなで考えた高齢者の楽しい介護予防体操＆レク』（監修：藤島一郎）『車椅子やベッドの上でも楽しめる子どものためのふれあい遊び50』『子どもを喜ばせるナースの簡単技BEST40』『子育て支援のためのイラスト・カット集』『ハンディ版 介護・福祉のちらし・おたより・カット集』『介護保険・福祉に役立つイラスト・カット集』『そのままコピー！ 母子保健のための楽しいイラスト・カット集』『栄養士のための楽しいイラスト・カット集』『高齢者福祉・介護・保健のためのイラスト・カット集』『保健婦・養護教諭のための楽しいカット集』（以上，黎明書房）。

＊カバー・本文イラスト：青木智恵子
＊本書のイラストの無断転載は禁じます。

生まれてよかった！
―子どもにいのちの大切さを伝える楽しい性教育の進め方―

2012年6月20日　初版発行	監修者	千石　一雄
	著者	青木　智恵子
	発行者	武馬　久仁裕
	印刷	藤原印刷株式会社
	製本	協栄製本工業株式会社

発行所　　　　　　　　　　　株式会社　黎明書房

〒460-0002　名古屋市中区丸の内3-6-27　EBSビル☎052-962-3045
　　　　　　　　FAX 052-951-9065　振替・00880-1-59001
〒101-0047　東京連絡所・千代田区内神田1-4-9　松苗ビル4階
　　　　　　☎03-3268-3470

落丁本・乱丁本はお取替します　　　　　　　　ISBN978-4-654-01875-8
ⓒ C. Aoki 2012, Printed in Japan

車椅子やベッドの上でも楽しめる **子どものためのふれあい遊び50** B5／92頁　1800円	青木智恵子著　病気やケガ，障害などで思うように動き回れない子や車椅子の子などが楽しめる，マッサージやリハビリ効果のある遊び，スキンシップの遊びなど，50種を紹介。
子どもを喜ばせる **ナースの簡単技BEST40** B5／100頁　1800円	青木智恵子著　身の回りのもので簡単にできる，子どもを喜ばせるおもちゃの作り方や遊び方，マジックやゲーム，痛みをやわらげたり，夜眠れない時に役立つ楽しいおまじないや言葉遊び40種。
子育て支援のためのイラスト・カット集 ─アイデア文例＆ひとくちアドバイス付き B5／96頁　1800円	青木智恵子著　子育て支援センターや子育て支援サークル，保育・保健施設のおたよりづくりなどに便利な，コピーして使えるイラスト・カット，まめ知識・コラム文例などが満載！
Dr・歯科医師・Ns・ST・PT・OT・ PHN・管理栄養士みんなで考えた **高齢者の楽しい摂食・嚥下リハビリ＆レク** B5／130頁　2300円	藤島一郎監修　青木智恵子著　摂食・嚥下の基礎知識，障害予防，医学的な解説を加えたリハビリなどを楽しいイラストをまじえ，やさしく紹介。コピーして使える「摂食・嚥下カルタ」付き。
Dr・歯科医師・Ns・PT・OT・ST・ PHN・介護福祉士みんなで考えた **高齢者の楽しい介護予防体操＆レク** B5／135頁　2600円	藤島一郎監修　青木智恵子著　一般の方から専門の方まで使える，医学的根拠をもつ転倒予防・えん下障害予防の運動・体操・レク＆ゲームを楽しいイラストをまじえ紹介。
子どもと対話ですすめる**15分間保健指導21 ＆わくわくアイディア教材** B5／110頁（カラー口絵7頁）　2600円	久住加代子著　楽しい手づくり教材を使った「朝ごはんを食べよう」「男の子・女の子の二次性徴」等の保健指導を，先生と子どもの対話形式で紹介。コピーしてすぐに作れる教材の型紙付き。
食べ物壁面クイズで ちょこっと保健指導12ヵ月 ─すぐできるカラー型紙CD-ROM付き B5／64頁（カラー口絵7頁）　2200円	久住加代子著　CD-ROMの型紙をプリントして切り抜いて貼るだけで，食べ物や栄養の保健指導に役立つ壁面クイズが作れる。4月・たまごクイズ／6月・魚クイズ／11月・米クイズ他。
からだ・健康壁面クイズで ちょこっと保健指導12ヵ月 ─すぐできるカラー型紙CD-ROM付き B5／64頁（カラー口絵7頁）　2200円	久住加代子著　CD-ROMの型紙をプリントして切り抜いて貼るだけで，からだと健康の保健指導に役立つ壁面クイズが作れる。5月・おしっこクイズ／12月・おならクイズ他。
保健室の楽しい壁面構成12ヵ月 ─コピーしてすぐ使える一口知識＆クイズ付き B5／112頁（カラー口絵7頁）　2600円	久住加代子著　保健に関する月ごとの目標，健康に役立つ一口知識とクイズを加えた，保健室を楽しくする季節感いっぱいの壁面構成の作り方をイラストをまじえ丁寧に解説。型紙付。

表示価格は本体価格です。別途消費税がかかります。